もし高校野球の女子マネージャーがドラッカーの『イノベーションと企業家精神』を読んだら

岩崎夏海

ダイヤモンド社

目次

プロローグ

夢《ゆめ》には夢がなかった。目標もなかった。ただ毎日を、なんとなく過ごしていた。

それでも好きなものはあった。友だちだ。夢には友だちが一人いて、その友だちが好きだった。だから、学校にはその友だちに会うために来ていた。他に理由はなかった。

その友だちとは、中学のときに知り合った。彼女は陸上部員だった。長距離の選手で、いつも校庭を走っていた。

その友だちが走るのを、夢はよく教室の窓から見ていた。ときには日が暮れて、彼女の姿が夕焼けに浮かび上がるシルエットとなり、やがて宵闇に溶け合ってほとんど判別がつかなくなるまで、ずっと見続けていることもあった。

夢は、その友だちが走るのを見るのが好きだった。見ていて飽きるということがなかった。だから、その友だちが陸上部を辞めてしまったときは驚いた。そして、とても残念に思った。また陸上部に復帰してくれないかと、強く願った。

しかし、彼女が再び陸上部に戻ることはなかった。そうして放課後になると、これまでは走っていた校庭を歩いて横切り、早々に帰宅してしまうのだった。

ある日のこと、いつものように校庭を眺めていた夢は、その友だちが帰宅しようとしているのを見つけた。それで、ふと思い立って教室を飛び出した。

夢は、運動をしたことがほとんどなかった。だから、走るのがとても遅かった。それでも、一生懸命走って追いかけ、校門を出たところでなんとか追いついた。そして、こう声をかけた。

「あの、すみません!」

「はい?」

「あの……どうして陸上部を辞めちゃったんですか?」

それが、夢がその友だちと仲良くなったきっかけだった。

その友だちは、名前を真実《まみ》といった。同じ学年だったが、クラスが一緒になったことはなかった。だから、顔くらいは見知っていても、話したことはなかった。

それでも二人は、すぐに仲良くなった。仲良くなったというより、夢が真実を大好きになったのだ。

好きになった理由はいくつかある。

そもそも夢は、真実の走っている姿が好きだった。真実は、背はそれほど高くなかったが、手足がすらりと長く、ほっそりとした体つきをしていた。夢は密かに、真実のことを「子鹿のようだ」と思っていた。ほっそりとした体つきで校庭を走るその姿は、まるで子鹿が草原を駆けていくようだった。

真実はまた、頭も良かった。勉強もできたのだが、面白いものやことをいくつも知っていた。それで、いろいろなことを夢に教えてくれた。

その中で、陸上部を辞めた理由も教えてくれた。彼女は、「陸上部の情緒的なあり方につき合っていられないから辞めた」のだそうだ。「指導者の気分次第で物事が決まっていくのがイヤ」だったそうである。

「私はもっと、正しくないとイヤなの」と真実は言った。「もっとこう、規律正しく、公平で、首尾一貫性がある――そういうアプローチを踏んでいきたい」

夢はこのとき、真実が何を言っているのか、実際のところはよく分かっていなかった。ただ、そう話すときの真実の顔はとても魅力的で、ぐっと魅入られた。

真実は、目鼻立ちの整った、くっきりとした顔をしていた。夢は、自分の顔を「ぼんやりしている」と思っていたから、真実の顔は憧れだった。それも、夢が真実を好きになった理由の一つだった。

しかし何より好きになった理由は、真実が自分に「居場所」を与えてくれたことだ。夢も目標もなく、ただぼんやりと過ごしていた毎日に、張りと楽しみとを与えてくれた。もっというと、学校に来るきっかけを与えてくれた。それまでの夢は、学校には来たり来なかったりだった。不登校といってもよかった。

それが、真実と友だちになってから毎日来るようになった。学校に来て真実に会い、一緒に過ごした。真実の話を聞いたり、教えてもらった遊びを一緒にしたりした。授業は相変わらず面白くなかったが、それだけで学校に来る意味があった。

そうするうちに、やがて中学を卒業する日が近づいてきた。そこで、夢にはある不安が湧き上がった。それは、高校に上がることで、真実と離ればなれになってしまうのではないか——というものだ。

真実は成績が良かったので、いい高校に行くことが予想された。しかし夢は、残念ながら成績があまり良くなく、いい高校には行けそうになかった。そのため、真実がいい高校に行ってしまえば離ればなれになることは確実だった。

ところがそこで、真実が思ってもみなかったことを言い出した。夢でも受かるような、偏差値の低い私立高へ行くというのだ。

周囲の人たちは、それを不思議がった。反対する者も少なからずいた。もっと偏差値の高い、例えば都立高に行くべきだと。真実なら、この付近では一番偏差値の高い、都立程《ほど》久保《くぼ》高校への入学もけっして夢ではなかった。

しかし彼女は、頑としてそれを受けつけなかった。そうして、早々にその学校への入学を決めてしまった。

夢もそのことを不思議がった。なぜ真実がその高校へ行くのか、分からなかった。

初めは、「自分に気を遣ってくれているのかもしれない」と思った。彼女も、自分と一緒にいたいからその高校に行くと言い出したのか――と。

しかし、その考えはすぐに打ち消した。真実には一面にドライなところがあって、友人と一緒にいたいからという理由で行く高校を決めるような性格ではなかった。

だから、そこには何か別の理由があるはずだった。しかし夢は、その理由を聞けなかった。聞くと、それが影響して関係が微妙になるのが怖かった。また、それがきっかけで気を変えられ、やっぱり他の高校へ行くと言い出されても困ると思った。そのため、素知らぬ振りをし続けた。

しかしおかげで、夢は高校でも真実と一緒になることができた。夢も、その高校――私立浅川《あさかわ》学園に入学できたからだ。

そうして四月、夢は浅川学園に進学し、再び真実と一緒の学園生活を送り始めた。

始まってすぐは、中学からの延長で、特に代わり映えのしない、夢や目標のない日々が続いていた。

しかしそれは、すぐに打ち破られることとなる。きっかけは一冊の本だった。

ある日、夢は一冊の本を拾ったのだ。

第一部

第一章　夢は『もしドラ』を読んだ

1

岡野夢《おかのゆめ》は、私立浅川《あさかわ》学園高校の一年生だった。

浅川学園は、東京の西部、関東平野が終わって多摩丘陵が始まる、小高い丘がいくつも連なった地域にある私立高校だ。

ただし、浅川学園自体は丘の上にはなかった。多摩川とその支流の浅川とに挟まれた、標高の低いところにあった。

おかげで、よく風が吹いた。毎年秋を過ぎると、川を吹き抜ける強い風で体が飛ばされそうになることもあるほどだった。

しかし反面、春はとても気持ち良かった。浅川の土手道にはたくさんの桜が植わっていて、その散った花びらが春風に舞い上げられると校庭は見事な桜吹雪に包まれた。それは浅川学園の春の名物ともなっていた。

その名物がようやく一段落した四月半ば、とある土曜日の午後、夢は校舎の窓からぼんやりと校庭を眺めていた。この頃になっても、夢は教室の窓から校庭を眺めるのが好きだった。

一階にある夢の教室の窓からは、目の前にある花壇がよく見えた。そこにはマーガレットやゼラニウム、カザニアなど春の花が咲き乱れていて、入学してすぐ、夢はそこからの眺めが大のお気に入りとなった。

ただしこのとき、校庭に走る陸上部員の姿はなかった。校門へと続く通路のところに帰宅する生徒たちがまばらにいるくらいで、あとは無人だった。

この日は授業が午前中で終わりだったものの、夢は花壇と、それから人影の少ない校庭とが織りなすどこか物憂げな情景に魅入られ、なんとなく帰れずにいた。

本当はこの日、友だちと一緒に遊ぶ予定だった。しかし急な予定が入ったとかで、先ほどキャンセルになったのだ。おかげで何もする当てがなくなり、暇を持て余していた。

そのとき、夢は花壇の向こうにある校庭のトラックの手前辺りに、なにやらキラキラと光るものが落ちているのを見つけた。ただ、それが何なのかは、すぐには分からなかった。

一階の窓からだと角度が浅く、その表面が見えづらかったからだ。

そこで夢は、鞄を手に取ると教室を後にした。帰るついでに、そのキラキラしているものが何か、確かめようとしたのだ。

昇降口で靴を履き替えると、校庭へ向かった。そうして、そのキラキラ光るものが落ちている場所へと近づいた。

すると、ようやくその正体が分かった。それは本だった。本のカバーの部分がつるつるとした素材で、太陽の光を反射してキラキラと瞬いていたのだ。

夢はそれを拾ってみた。すると、タイトルにはこうあった。

『もし高校野球の女子マネージャーがドラッカーの『マネジメント』を読んだら』

それで、夢はこう思った。

（ずいぶん長いタイトルだなあ）

また、こうも思った。

（ライトノベルなのかな？）

なぜかといえば、その表紙にはアニメのようなタッチで女子高生のイラストが描かれていたからだ。そういう表紙はライトノベルによくあった。また背景には、青い空と白い雲、そしてその下を流れる川の絵が描かれていた。

その絵を見て、夢は（どこか浅川に似ている）と思った。

それから辺りを見回した。しかし、周囲には誰もいなかった。そこで夢は、もう一度その本を眺め、しばらく考えた。

そうしてやがて、その本を鞄にしまうと、そのまま帰途についたのである。


五日後、帰りのホームルームが終わって、夢は机で帰り支度をしていた。すると、一人の女生徒が目の前に立った。見上げると、それは児玉真実《こだままみ》だった。夢の中学時代からの友人である。

真実は、開口一番こう尋ねた。

「読んだ？」

それで夢は、「！」という顔になってこう答えた。

「やっぱり、真実だったんだ」

「あ、分かった？」

「あんなことするの、他にいないと思って。他の人に拾われたらどうするつもりだったの？」

「そのときはそのときよ。でも、夢はいつも校庭を見ているから、気づくんじゃないかと思って」

「私、いつも校庭見てる？」

「見てるよ。まるで何かを探しているみたいに」

「そうなんだ……そうかもね」

「で、どうだった？　本」

「うん。面白かったは面白かったけど……これ、なに？」

と、夢は鞄からその本を取り出した。

それを受け取りながら、真実が言った。

「なにって、『もしドラ』だよ」

「もしドラ？」

「知らないの？　何年か前に流行ったじゃん！」

「そうなんだ？　全然知らなかったよ」

悪びれずに言う夢に対し、真実はちょっと呆れたように「夢らしいや」と溜息をついた。

それから、気を取り直すとこう言った。

「実は、その本を書いた作者の人と、この前知り合いになってね」

「へえ！　この……」と表紙の名前を見て、夢が言った。「──岩崎夏海《いわさきなつみ》さん？」

「そう。だけどそれはペンネームで、本名は『北条文乃《ほうじょうあやの》』っていうんだ」

「北条文乃？」

「うん。北条文乃……って知らない？」

「知ら……」

――と、そこで夢は気がついた。

「あ、この小説に出てくる人？」

その名前は、『もしドラ』の登場人物の一人にあった。

しかし、真実は首を横に振るとこう言った。

「それもそうだけど……でも、そうじゃなくて、あの新任の先生」

「えっ？　ああ！　あの、入学式でおどおどとした挨拶をした人？」

「そう。その先生が、高校時代の体験をもとに書いたのが、この『もしドラ』なんだ」

「へえ！　あの先生、程久保高校出身なんだ」

「うん。しかもその後、東大に行ってるんだよ」

「そんな先生が、なんでうちに来たの？」

「それは、いろいろ理由があるらしいんだけど、とにかくそれを知って、私も『もしドラ』を読んでみたんだ。そうしたら、すっごく面白くてさ！」

「うんうん。最後、甲子園に行くところで感動した！」

「……それもそうだけど、私はこの『ドラッカー』って人が面白いと思ったの。調べてみたら、これの元となった『マネジメント』って本、四〇年以上も前に書かれてるんだよね。それなのに、まるで今の私にぴったり……というより、これは大げさな言い方じゃなく、『私のために書かれたんじゃないか!』って思ったの。だから、とても不思議な気がした」

「ふうん。私はそこまで思わなかったけど……」

そう首をかしげる夢に対し、真実はなおも言葉を続けた。

「だから私、興味が湧いて、この作者の岩崎夏海さん——文乃先生のことね——にいろいろ聞いてみたの」

「うんうん」

「そうしたら、文乃先生はこう言うんだ。あなたが『マネジメント』を読んで、まるで自分のために書かれたんじゃないかって思ったのは、とても自然なことよ。なぜなら、先生自身も『マネジメント』を読んだとき、そう感じたから——って。それだけじゃなく、文乃先生の周りにも、そう感じた人が多かったんだって」

「へえ!」

「それで、文乃先生が言うには、なぜそうなのかをいろいろ調べてみたら、ドラッカーがこの本を書いた意図の中に、それを知る手がかりがあったんだって」

「ふむふむ」

「ドラッカーは、今から四〇年以上前に、『これからは競争社会が到来する』と予見したの。なぜかというと、情報化社会が進むに連れて、知識層が拡大する。すると、競争に参加するプレーヤーが増えるから、競争は激化せざるを得ないだろうって」

「競争に参加するプレーヤーが増える——って?」

「例えば、インターネットができる以前は、物を買おうとすると近くのお店に行くしかなかったでしょ? だから、そのお店は付近の住人を顧客として独占できた。つまり、競争相手が少なかったの。でも、今はインターネットができたおかげで、お客さんがネットでお店を調べるようになった。だから、他のお店と比べられるようになって、競争相手が増えたってわけ」

「確かに! 私も何か物を買うときには、必ずネットで調べるもん」

「でしょ? そのとき、いろんなお店が検索で出てくると思うんだけど、どのお店で買う?」

「それはもちろん、一番安いお店」

「そう! それで、私たち買う方は得をするけど、その代わり売る方は大変な競争に巻き込まれるの。だって、一番安いお店しか売れないから、価格を下げざるを得なくなる」

「なるほど! それが『競争に参加するプレーヤーが増える』ってことなのね」

「そんなふうに、競争がどんどん激しくなること——つまり競争社会が到来することを予見して、ドラッカーは『マネジメント』を書いたんだって。なぜなら、そういう競争社会にこそ、『マネジメント』が必要になるからって」

「へえ！　でも、どうして競争が激しくなると『マネジメント』が必要になるの？」

「私もそれを疑問に思って、文乃先生に聞いてみたんだ。そうしたら、彼女はこう言っていた。そういうふうに競争が激しくなると、勝ち残るのはたった一人で、あとは全て負け——ということになってしまうでしょ。そうなると、多くの人が競争に負けて、仕事がなくなってしまうの。多くの人の仕事がなくなると、社会が不安定になって良くない。ドラッカーはそう考えたんだって」

「確かに！　今は仕事が少ないから大変だって、お姉ちゃんがぼやいていた。彼女、就活の真っ最中だから」

「それで、人々が生きていくためには仕事を増やす必要があるんだけど、それこそが『マネジメント』の最も重要な役割の一つなんだって」

「仕事を『増やす』のがマネジメント？　なんだか逆っぽい。仕事を『減らす』のがマネジメントじゃないの？」

「それは『要らない仕事』の場合ね。マネジメントは『要らない仕事』を減らしもするけど、逆に『必要な仕事』を増やしもするの。そうやって、みんなの『居場所』を作っていくのよ」

「居場所?」

「この『もしドラ』の中にも描かれていたけど、主人公は、野球部のみんなにいろんな役割を与えていたでしょ? 例えば、頭のいい子にはキャプテンとか、足が速い子にはピンチランナーとか。そうやって『重要な仕事』を増やすことで、部員一人ひとりが活躍できる『居場所』を作っていった。すると、野球部という組織とそこに所属する部員たちがどんどん活性化していった。生き生きしていった」

「確かに! みんな居場所ができたとたん、活躍するようになっていったね」

「そういう、人が生き生きする『居場所』を作るのが『マネジメント』なの。だからドラッカーは、競争社会で居場所をなくした人たちのために、『マネジメント』の知識を伝えようと思ってこの本を書いたんだって。一人でも多くの人に、生き生きとした居場所を作ってもらうために」

夢は、真実が言った「居場所」という言葉に強く引きつけられた。その言葉に、心にポッと火の灯るような温かみを感じた。

夢はこのとき、こう考えていた——。

（私も、真実に居場所を作ってもらった。だから学校に通えるようになったし、こうして高校にも来ることができた）

そして、こう考えた。

（となると、私にとって真実は「マネージャー」なのかな？　だって、私に居場所を与えてくれたから……）

するとそんな夢の思いを知ってか知らずか、真実はふいにこんなことを言い出した。

「だからね、私もマネージャーになろうと思って」

「えっ！」と夢は驚いた。「マネージャーって、何の？」

「決まってるじゃない！　野球部よ」

それを聞き、夢は心の底から驚いた。そして、思わずこう叫んだ。

「でも、うちの高校には野球部がないじゃない！」

2

すると真実は、不敵な笑みを浮かべてこう言った。

「……それがね、あるのよ」

「えっ！」
「うちの高校には『幻の野球部』が存在するの」

浅川学園は、男女共学の私立高校である。生徒数は全校で八〇〇人弱。創設は五〇年ほど前の昭和半ば、高度経済成長期の真っ只中で、多摩地区がニュータウンとして整備され、多くの住人が移り住んできた時代だった。

そこで、最初は学校の施策としてスポーツが振興された。それを宣伝材料に、生徒の獲得を図ろうとしたのである。特に、人気の野球部には力が入れられた。他校から名のある指導者を招聘《しょうへい》し、特待生制度も早くから導入した。

そうして創立五年目で、念願の甲子園初出場を果たす。その後も春に一度、夏に一度、計三度の甲子園出場を果たした。

ところがその後、勝てなくなる。ちょうどこの頃、東京都の高校は数が増えるのに従って野球のレベルも上がっていった。次から次へと強豪校が生まれ、ベストエイトに勝ち残るのも困難になった。東京の代表校が甲子園で優勝するようになったのは、この頃のことである。

するとと野球部は、いつしか浅川学園にとってお荷物のような存在となってしまった。他の部に比べて優遇されているにもかかわらず、それに見合うだけの結果を残せていなかった。それで自然、部や監督への風当たりも強くなった。

そのストレスが溜まったのか、やがて監督が不祥事を起こす。指導という名のもと、部員に暴力を振るい、訴えられたのだ。

そのときは、野球部そのものも乱れていて、部員たちも立て続けに問題を起こした。校則違反はもちろん、犯罪で捕まった生徒もいた。

そのため、監督が起訴された後、高野連からは一年間の対外試合禁止を申し渡された。これをきっかけに、学校は野球部の休部を決める。経費がかさむ割には甲子園に出られず、逆に問題ばかり起こすお荷物部を存続させる積極的な理由が見つからなかったのだ。廃部としなかったのは、あまりことを荒立てたくなかったからに過ぎない。

そうして野球部は、なし崩し的に消滅した。一九九〇年代初頭のことである。以来、実に四半世紀にわたって休部が続いていた。

だから、夢にとっては生まれる前から休部していたことになる。そのため、野球部がないと思うのも無理はなかった。

そんな夢に対し、真実が言った。

「夢は知らない？　ほら、あのモノレールに乗って多摩センターに行く途中、山の斜面のところにでっかく『浅川学園』って古びた看板が出ているの」

「あ、知ってる。明星《めいせい》大学の手前のところでしょ」

「実は、あそこが野球部のグラウンドなんだ」

「え！　そうなの？」

「うん。あそこも学校の所有地で、部員は、前はあそこまで徒歩で通ってたんだって」

「ずいぶん遠いのね。しかも山の上だし」

「そう。だから『地獄の山登り』っていわれてたみたい。それがイヤでサボる部員も多かったそうよ」

「へえ」

「でも、今はモノレールができたからアクセスは楽になったんだ。ただ、逆に野球部がなくなっちゃったんで、やっぱり誰も行ってないけど」

「真実はなんでそんなこと知ってるの？」

「それはね、ある人に教えてもらったからよ」

「ある人――って誰？」

「それは……」と言ったとき、真実は何かを思いついた顔になった。それから、夢にこう言った。「あ、じゃあ今からその人に会いに行こうか！」

そうして、さっさと教室を飛び出していった。

それで夢も、慌ててその後を追いかけた。


浅川学園から歩いて五分くらいのところに、「浅川学園前」というモノレールの駅がある。そこからモノレールに乗って南へ向かうと、丘陵が連なる地帯へと分け入っていく。丘の谷間を縫うようにして登っていくと、七分でグラウンド近くの駅に出る。駅からグラウンドまでは三分くらいだ。

二人は一五分ほどでグラウンドに着いた。すると、その入り口の金属製のドアのところに一人の男子生徒が立っていた。

「マネージャー！」

そう言って真実が手を振った。すると、その男子生徒ははにかんだ笑顔でこう言った。

「そう呼ぶの、やめてよ。なんだかくすぐったいや」

「だってマネージャーじゃないですか」

「いや、できれば普通に名前で呼んで」

「じゃあ、富樫《とがし》さん？」

「『公平《こうへい》』でいいよ。みんなそう呼ぶから」

「分かりました。公平さん、こちら中学からの友だちで、岡野夢さんです」

「こ、こんにちは……」

と、夢はぎこちなく挨拶した。人見知りなので、初対面の人は苦手なのだ。

「夢、こちら、野球部マネージャーの富樫公平さん」

「公平です。よろしくお願いします」

それで夢は、驚いた顔になって言った。

「野球部って、ほんとにあったんですね！」

すると公平は、再びはにかんだ顔になってこう答えた。

「うん。といっても、部員はまだぼくと児玉さんの二人しかいないけど。野球部そのものも、今年の四月に再スタートしたばかりなんだ」

富樫公平は、浅川学園の三年生だった。昨年まではどの部にも所属していなかったが、ふとしたきっかけから野球部に興味を抱いた。それは、配属されてきた教育実習生から『もしドラ』の話を聞いたからだ。

その教育実習生は、高校時代、二〇世紀を代表する哲人といわれたピーター・F・ドラッカーの著作である『マネジメント』を参考に、所属していた都立程久保高校野球部を甲子園初出場に導いたマネージャーの一人——つまり北条文乃だった。彼女が、ドラッカーのことや『マネジメント』のことを、教育実習生時代にあれこれと教えてくれたのだ。それに興味を覚えた公平は、自分も野球部のマネージャーをしてみたいと考えるようになった。

しかし、浅川学園には野球部がなかった。ところが、よくよく調べてみると、ないわけではなく、かなり昔に休部になっていることが分かった。

そこで公平は、学校に掛け合って野球部の活動再開を申請した。しかしこのときは、「指導を担当する教員がいない」との理由ですげなく断られてしまう。

しかし公平は諦めなかった。野球部の再生に向け、その後もさまざまな形で学校に働きかけた。

すると、今年の四月になってようやく活動再開の許可が下りた。その際、指導教員には正式に教師として赴任してきた文乃が当たることとなった。

そうして浅川学園野球部は、部員は公平一人しかいなかったものの、再スタートを切ったのである。

「それを聞いて、私も興味を持ったの――」と真実が言った。「だから、公平さんにお願いして野球部に入れてもらうことにしたんだ」

「いやあ、新入部員はいつでも大歓迎だよ」

それに対して、夢が言った。

「じゃあ、部員は公平さんと真実だけなんですね。真実は、野球部のことをどこで知ったの？」

「文乃先生から聞いたんだ」

「でも、文乃先生って、私たちと接点なくない？　受け持つ学年も違うし」

「うん。だから、私から訪ねていったの。面白そうな人だなって」

「面白そうって？」

「だって、入学式の挨拶であんなにおどおどするなんて、珍しくない？　何か聞かれると、必ず『え、あ、はい』って答えるし。去年の実習のとき、今の三年生から『エアーハイ』ってあだ名をつけられたらしいよ」

「なるほど――」

それを聞いて、夢は思い出した。真実は、変わった個性の持ち主が好きなのだ。特に、コミュニケーションの苦手な人が好きだった。

夢と友だちになってくれたのも、おそらくそれが理由だった。ほとんど誰とも口をきいたことがなかった夢に、興味を抱いたのだ。はっきりと言われたわけではなかったが、夢はうすうすそのことに気づいていた。

「というわけで、今日から私も野球部のマネージャーをすることになったんだけど……どう?」

そう尋ねた真実に対し、夢は素直に答えた。

「いいと思うよ。真実に合ってる。応援するよ」

すると真実は、眉をひそめてこう言った。

「いや、そうじゃなく……」

「え?」

「夢も、一緒にどう?——ってこと。私たちと一緒に、マネージャーをやってみない?」

「ええっ!」

3

驚いた夢は、思わず大きな声を上げた。今の今まで、自分が野球部のマネージャーをやるなどとは想像もしていなかったのだ。

しかし、すぐに真顔に戻ると、束の間考えた。それから顔を上げて、真実を見るとこう言った。

「私、やりたい。野球部のマネージャーになります！」

するとその瞬間、真実が夢に抱きついてきた。そして、その頬にキスをした。

驚いた夢は、思わずキャッと声を上げた。しかし真実は、なおも夢をきつく抱きしめたまま、こう言った。

「さすが夢！　話が早い。夢のそういうところ、大好きよ」

それで夢も、抱きしめられた格好のまま、こう尋ねた。

「でも、私なんかでいいの？」

すると、真実はこう言った。

「夢『で』いいんじゃないのよ。夢『が』いいの！」

それを聞いた夢は、真実の方を向くと、小鼻を膨らませてこう言った。

「私、がんばる！」

「うん！」

そうして真実は、再び夢を強く抱きしめた。公平は、それを顔を赤らめながら横目で見ていた。

やがて、ようやく夢から離れた真実が言った。

「じゃあ、早速グラウンドを案内するよ。公平さん、お願いします」

「オーケー」

公平は、持っていた鍵で鉄製の扉を開いた。すると、錆びた蝶番《ちょうつがい》がギギギと鳴って、ドアが重々しく開いた。

ドアが開くと、その向こうには一面の草っ原が広がっていた。

「わぁ！　だいぶ荒れてるねえ」

そう嘆息したのは真実だった。それに対して、公平が言った。

「仕方ないよ。もう二五年も放置されていたんだから」

真実は、その草っ原を見渡しながら言った。

「まずは、ここの草むしりからスタートかな……」

それから三人はグラウンドを一回りしてみた。入り口付近がホームベースで、両側にはコンクリート製の屋根付きベンチもあった。一塁側のベンチ裏にはブルペンがあり、外野にはフェンスが張り巡らされていた。その向こうは北西向きの下り斜面になっている。学校の看板は、その傾斜地に立てかけられていた。

グラウンドは小高い丘の山頂付近にあって、とても見晴らしが良かった。そのため、グラウンドのどこにいても、先ほど乗ってきたモノレールの高架や、その向こうにある多摩動物公園、さらには多摩丘陵の山々を見通すことができた。

「きれいねぇ……。すごい、あっちは浅川まで見通せる！」と外野フェンスに手をかけ、北東の方を指さしながら夢が声を上げた。「まるで『天空の城ラピュタ』みたい」

するると、真実が振り返って言った。

「それ、いい！」

「え？」

「このグラウンドの名前、『天空グラウンド』にしようよ。略して『天グラ』」

それに対して、夢は「すてき！」と同調した。公平も「いいねぇ」と感心して頷いた。

そうしてこの日以降、野球部のグラウンドは「天空グラウンド」と呼ばれるようになったのだ。


それから三人は学校へと戻ってきた。今度はモノレールを使わず、試しに歩いてみた。するると、だいたい四〇分の道のりだった。

道すがら、三人はこれからの野球部について話し合った。

「まずは選手を集めないと――」と公平が言った。「それに、グラウンドの整備もしないとね」

すると、それに対して真実が言った。

「その前に一つ、だいじなことを忘れてません？」

「なに？」

「私たちも、文乃先生みたいに経営の勉強をしないと」

「確かに。じゃあ、まずはドラッカーの『マネジメント』を読むことから始める？」

「それも悪くないとは思うんですけど――」と、真実が目を伏せて言った。

「ん？」

「せっかくだったら、新しいことを始めたいなって」

「新しいこと、って？」

「ドラッカーの『マネジメント』だと、文乃先生の二番煎じになっちゃって、面白くないと思うんです。私たちは、その先を行かないと」

「……というと？」

「私たちは私たちの、新しい『本』を読みたいなって」

「おお！」と公平が感心した顔で言った。「いいねえ！　新しいことするの、おれも好き」

「ですよね！」と真実もパッと顔を明るくして言った。

「でも――」と、そこに夢が割って入った。「新しい本って、一体何を読むの？」

するとと真実は、にやりと笑ってこう言った。

「実は、もう見つけてあるんだ」

学校に戻った三人は、真実の教室へと行った。そこで真実は、鞄から一冊の本を取り出すと、夢と公平にそれを見せた。

「ババババーン！　この本です」

その表紙のタイトルを、公平が読んだ。

「『イノベーションと企業家精神』？」

「そう。この本を、私たちの参考書にしようと思って」

「でも、どうしてこの本なの？」

そう尋ねた夢に、真実が答えた。

「実は、あらかじめ文乃先生に聞いておいたんだ」

「へえ！」

「『もしドラ』を読んだ後、文乃先生のところに行って、こう尋ねたの。『マネジメント』の次は、何を読んだらいいですか？――って。そうしたら、この本を紹介してくれたんだ」

「ほう……」

「文乃先生が言うには、これからはますますイノベーションの時代になるだろうって。だから、この本の重要性が増すって」

「イノベーションの時代？」

今度は公平が尋ねた。すると、真実はこう答えた。

「ドラッカーのいう『マネジメント』の機能って、二つありますよね」

「『マーケティング』と『イノベーション』だろ？　それは『もしドラ』にも書いてあった」

「文乃先生が言うには、これから競争社会が進行する中で、この二つのうち特にイノベーションの重要性がますます高まるだろうって」

「どうしてイノベーションの重要性が高まるの？」

そう聞いたのは夢だった。真実は、今度は夢の方を見ながら答えた。

「なぜなら、イノベーションこそ、競争社会を生き抜くための最良の手段だからよ」

「へえ」

「文乃先生はこう言ったの。『イノベーションとは、競争をしないことである』って」

「どういう意味？」と、再び公平が聞いた。真実は、それに答えて言った。

「ええ。イノベーションって、新しいものを生み出すことですよね。新しいものが生み出されたら――つまりイノベーションが成功したら、そこにはライバルがいません。なにしろ新しいものなので、まだ誰も参戦していないからです」

「ふむ」

「例えば、アップルがiPhoneを発売したのは、大きなイノベーションでした。なぜなら、iPhoneのようなスマートフォンは、当時他になかったからです。それでiPhoneには、しばらくライバルがいませんでした。なにしろ、スマートフォンを買うとなるとiPhoneを買うしかなかったからです」

「なるほど！」と頷いた公平に、真実はこう続けた。

「そういうふうに、イノベーションを起こせば競争をしなくても済むんです。そうして、競争社会が進行しても生き残ることができる――というわけです」

「確かに――」と公平がそれを受けて言った。「そう考えると、競争って全部古いもので起こるんだよね。高校野球だって、一〇〇年の歴史がある古いものだから、参加校が四〇〇〇近くなって、競争が激しい。でも、高校野球が誕生した一〇〇年前には、まだ参加する学校も少なかった――確か七三校だったかな――だから、競争もあまり激しくなかった」

「そうなんです。そして競争社会は、高校野球のようにたった一人の勝者以外はみんなが負けてしまう厳しい世界。それではあまりにも生きづらいから、イノベーションで新しいものを作り、競争を少しでも減らしましょう――というのがドラッカーの考えなんです」

「むむむ……」と、夢が難しい顔をして腕を組んだ。「競争をしないことが、競争社会を生き抜く手段か……」

「それで、そのイノベーションはどうすれば実現できるの？」

そう尋ねた公平に、真実が言った。

「その方法について詳しく書いてあるのが、この『イノベーションと企業家精神』というわけです。だからそれは、これからみんなで勉強していけたらな――って」

それを受け、公平が言った。

「よし分かった。じゃあ、まずはみんなでこの本を読むことから始めてみよう！」

そうして三人は、それぞれ『イノベーションと企業家精神』を読んでくることを宿題とし、この日は別れたのだった。

4

学校からの帰宅途中、夢はこの一帯では一番大きな駅である高幡不動《たかはたふどう》に立ち寄り、駅ビルの書店で『イノベーションと企業家精神【エッセンシャル版】』を買った。著者はＰ・Ｆ・ドラッカーで、翻訳者は上田惇生《うえだあつお》、出版社はダイヤモンド社で、価格は一六〇〇円プラス税だった。

その値段は、夢にとってけっして安いものではなかった。ただ、参考書は親にお金を出してもらえることになっていたから、そこはあまり大きな問題ではなかった。

それよりも問題だったのは、読むことの方だった。夢は、その本の出だしでいきなりつまずいてしまった。

一八〇〇年頃、フランスの経済学者J・B・セイは「企業家は、経済的な資源を生産性が低いところから高いところへ、収益が小さなところから大きなところへ移す」といった。しかしセイが「企業家（entrepreneur）」なる言葉をつくって以来、いまだに企業家と企業家精神の定義は確立していない。（三頁）

この文章において、夢はそもそも「企業家」の意味が分からなかった。しかしそれは、本のタイトルにも使われていることから重要であろうことは推察できた。だから、分からないままでいるのはまずいと思い、広辞苑を引いてみることにした。

すると、そこにはこうあった。

きぎょうか【企業家】営利のため、自ら経営・指揮の任に当たって生産を行う人。企業の経営者。


それを読み、夢はこう思った。

（つまり、平たくいうと「社長」のことか。もしくは経営者……）

しかし、それなら「社長」と書けばいいし、もしくは『マネジメント』にもあったように「マネジャー」と書けばいいのではないか——と、夢は思った。

ただ、この本ではどうやら「マネジャー」と「企業家」をあえて使い分けているようだった。そのためここでも、わざわざこの言葉を使っているのだ。

そこで夢は、今度は本の表紙をしげしげと眺めてみた。するとそこには、日本語のタイトルの下に英語で小さく「INNOVATION AND ENTREPRENEURSHIP」とあった。

このうち「INNOVATION」は「イノベーション」のことだろうから、そうなると「ENTREPRENEURSHIP」が「企業家精神」のことだろう。

そこで夢は、今度は英和辞典で「ENTREPRENEURSHIP」を調べてみた。すると「ENTREPRENEUR」という項目があり、そこにはこう書かれていた。

【ENTREPRENEUR】起業家。

そこに書かれていたのは、同じ「きぎょうか」でもちょっと字が違っていた。本の方は「企」だったが、こちらは「起」だ。

その字を見て、夢はようやく意味を推測することができた。「起」は「起こす」という意味だから、「新しく何かを始める」ということだろう。つまり、経営者の中でも特に「新しく何かを始める人」のことを「起業家」と呼んで、普通の経営者と区別しているのだ。

（となると、この本は「新しく何かを始めること＝イノベーション」と、「新しく何かを始める人＝起業家の心構え」について書いてあるのだろう）

夢はそんなふうに推測した。

（しかし、それなら日本語のタイトルを「起」ではなく、わざわざ「企」の方の「企業家」にしたのはなぜだろう？）

そのことの疑問は残ったが、とりあえずそれについて考えるのは後回しにして、夢は冒頭の一文の意味について、もう少し考えてみることにした。

すると、そこで分かったのは、「企業家」という言葉を作ったのは経済学者のセイだということ、そしてそれは、できてから二〇〇年以上が経ってもいまだに定義が確立されていないということだった。

（そのことを冒頭にわざわざ書いたということは――）と夢は考えた。（ドラッカーは、この本の中でそれを「確立」させようとしているのではないか。だから、最初の一文であえて言及したのだ）

とすると、まずは「企業家」あるいは「企業家精神」という言葉の「定義を確立すること」が、この本の目的の一つなのだろう。だとしたら、それについてはこの本を読み進めていけば書いてあるのではないだろうか。

そう考えて、夢は少し気が楽になった。「企業家」という言葉の意味が分からなくて戸惑ったが、それはどうやら私だけではなかったようだ。なにしろそれは、二〇〇年間、誰も定義を決められなかったのだ。そうして、この本でドラッカーがそれを初めて確立しようとしている。

（そう考えると――）と、夢は思った。（ドラッカーというのは、あらためてすごい人だ）

そうして夢は、少しわくわくしながらその先を読み進めた。

すると、夢の推測通り、そのすぐ後に「企業家の定義」について書かれていた。

そこにはこうあった。

企業家精神とは、すでに行っていることをより上手に行うことよりも、まったく新しいことを行うことに価値を見出すことである。（四頁）

「すでに行っていることをより上手に行うことよりも、まったく新しいことを行うことに価値を見出すこと」――ドラッカーは、それが「企業家の定義」だという。

この一文を読んで、夢にはすぐに思いついたことがあった。それは、昼間に聞いた真実の言葉だ。

グラウンドから帰る道すがら、真実はこう言った。

「『マネジメント』だけだと、文乃先生の二番煎じになっちゃって、面白くないと思うんです。私たちは、その先を行かないと」

また公平も、こんなふうに言っていた。

「いいねえ！　新しいことするの、おれも好き」

この二人は、ともに同じことを言っていた。ともに「新しいことをしたい」と言っていた。ともに「すでに行っていることをより上手に行うことよりも、まったく新しいことを行うことに価値を見出」していた。

それに気づいて、夢は感心した。

（すごい、真実と公平さんは、すでに企業家精神を持っている！）

次いで、夢は自分のことを思った。

（それに比べると、私には企業家精神が足りない。二人がその話で盛り上がっているとき、ピンと来るものがなかった。正直、読む本は『マネジメント』でいいのでは——と思ってしまったくらいだ）

つまり、自分はどうやら「企業家」ではないらしい——夢は、そのことを認めないわけにはいかなかった。

しかし彼女は、それを気にしなかった。自分にそうした素養がなくとも、差し当たり問題ないと思った。

なぜなら、夢にはもともと自分の評価を低く見積もるところがあった。だから、「企業家精神」がないと分かったからといって、今さらショックを受けたりしなかった。また、真実の手伝いをするつもりでマネージャーになったのだから、自分が「企業家」でなくとも問題はないだろうとも思っていた。

夢は、真実が大好きだった。それは、真実の前だと素直でいられるからだ。

夢は、真実の言うことをなるべく素直に聞きたいと思っていた。そうすることで、これまでいいことがたくさんあったし、これからもいいことがありそうな気がしていた。

だから、考えるより先に「マネージャーになる」と答えたのだ。考えるのはその後でかまわなかった。

そのため夢は、自分には「企業家精神」が欠けているということも、あまり深くは考えなかった。ただ「自分は企業家ではない」と認めただけで、すぐにそのことは忘れてしまった。そうして、さらに続きを読み進めた。

しかし夢は、やがて「企業家精神の欠如」に苦しめられることになる。ただしもちろん、このときの彼女にはそれを知る由もなかった。

第二章　夢は『イノベーションと企業家精神』を読んだ

5

それから三日をかけて、夢は『イノベーションと企業家精神』を読んだ。しかし、なかなか理解できず、結局五分の一くらいしか読み進められなかった。

その五分の一にしても、ちゃんと読めたかどうか、自信がなかった。一度読んだだけでは、何を書いてあるのかほとんど分からなかった。

それから、校舎一階の西端にある小教室で開かれた野球部のミーティングに参加した。この日、再び三人で集まって、今後の活動について話し合うことになっていたのだ。

夢が教室に行くと、すでに公平が来ていた。夢は「こんにちは」と挨拶したが、それ以上は何も話さなかった。真実以外の人物とは、まだなかなか上手く会話できなかった。

するると、公平の方から話しかけてきた。

「どう、読み終わった？」

「いいえ、全然……。五章までです」

「え？　すごい！　おれなんか三章でつまずいた……」

「難しいですよね」

「この本の『もしドラ』みたいなやつ、ないのかな？　あればそっちから読みたいよ」

そのとき、真実が入ってきた。夢は、公平と二人きりではなくなったことにちょっとホッとした。

すると、真実の後ろから二人の女生徒が入ってきた。真実は、夢と公平にその二人を紹介した。

「こちら、柿谷洋子《かきたにようこ》さんと神田五月《かんださつき》さん。二人とも、野球部のマネージャーになりたいって」

「えっ！」と驚いたのは公平だった。「入部希望が二人も？」

「いいですか？」

そう尋ねた真実に、公平は驚きながらもこう答えた。「え？　……う、うん。それは、もちろん！」

すると、洋子と五月は「やったあ！」と手を取り合って喜んだ。どうやら二人は友だちのようだった。

その二人を、真実があらためて紹介した。

「この二人も、『もしドラ』でマネージャーに興味を持って、文乃先生のところに話を聞きに来ていたんです。だから、声をかけてみました。『野球部のマネージャーになりませんか』って」

「私、もっとマネジメントのこと勉強したいと思ってるんです」

そう言ったのは柿谷洋子だった。

「私は、なんかこう、熱い青春がしたいなって」

神田五月がそれに続いた。

洋子は、小柄だが目鼻立ちの整った美人で、才気煥発とした印象だった。一方、五月は眼鏡をかけており、見た目も地味だったが、口元には悪戯っぽい笑みを浮かべていて、ひとくせありそうな印象だった。

「これで五人か。一気に増えたな――」と公平が感嘆した。「まさかマネージャーだけ五人も集まるなんて、予想もしてなかったよ。選手はまだ一人も集まってないのに」

それを尻目に、真実は洋子と五月に席に着くよう促すと、自分は教壇に立って議長役を買って出た。

「それでは、これから野球部のミーティングを始めたいと思います。まずは前回決めた通り、『イノベーションと企業家精神』をヒントに野球部の『定義』から決めていきます」

『もしドラ』の中でマネージャーは、初めに野球部の定義を決めていた。それがマネジメントの最初の仕事なのだ。

それにならって、ここでもまずは「野球部の定義」から決めようということになった。ただし、そこでは『マネジメント』ではなく『イノベーションと企業家精神』を参考にするというのが、彼らの新しい取り組みだった。

「公平さん、どうですか?」

真実の問いに、公平はちょっと言いにくそうに答えた。

「いや、それが……まだちょっとよく分からなくて」

「あ、私も――」と夢も、聞かれる前に断った。「やっぱり、全然、難しくて……」

すると真実は、表情を変えることなくこう言った。

「もちろん、この本はすぐに読み下せるようなものじゃないから、それでいいんです。これから何年もかけて、ゆっくりと嚙み砕いていく種類のものですから」

それから、黒板に向かってチョークを握ると、こう言った。

「それじゃ、冒頭の部分から、私が気になった箇所を書き出していきます。まずはここ――」

企業家はイノベーションを行う。イノベーションは企業家に特有の道具である。（七頁）

真実は、自分が黒板に書きつけたその一文を見ながらこう言った。

「私たちは、マネージャーとしてこの野球部の『企業家』になろうとしています。単なる『経営者』ではなく、新しい価値を生み出していきます。イノベーションは、そのための道具です。イノベーションなくして、新しい価値は生み出せません」

「なるほど……」と、公平が感心しながらそれをノートに書きつけた。夢や、洋子と五月もそれにならった。

それを見て、真実は続けた。

「では、どうすればイノベーションを行うことができるのか――というのが問題となってくるのですが、それについて、ドラッカーはこう書いています」

そう言って、今度は『イノベーションと企業家精神』の本を開くと、その箇所を朗読した。

われわれはまだイノベーションの理論を構築していない。しかし、イノベーションの機会をいつ、どこで、いかに体系的に探すべきか、さらには成功の確率と失敗のリスクをいかに判断すべきかについては十分知っている。まだ輪郭だけではあるが、イノベーションの方法を発展させるうえで必要な知識も十分に得ている。(一一頁)

「さらに――」と、真実が続けた。「ドラッカーは、こう結論づけています」

この新しいものを生み出す機会となるものが変化である。イノベーションとは意識的かつ組織的に変化を探すことである。(一一頁)

すると、公平が尋ねた。

「変化を探す――ってどういうこと?」

それに対し、真実はこう答えた。

「私たちの身の周りに起きている『これまでとは違うこと』を、注意深く見つけていく――ということですね」

「『変化』って、具体的にどういうものを指すんだろう?」

「それは、いろいろあります。ドラッカーは、それを七つのパターンに分けています」

「あ、これね！」と夢が声を上げた。「この後に、『七つの機会』って書いてある」

「そう！　ドラッカーは、注目すべき変化を七つの項目に分けて、それぞれの表れ方や特徴、またそれを利用したイノベーションの実例などを、この本の中で事細かく説明してくれています」

「なるほど。この章にはそんなことが書いてあったんだ……」

と公平は感心して頷いた。

それを受けて、真実が言った。

「だから、これを参考にすれば、ドラッカーのいう『変化』とは何か——というのが見えてくると思うんです」

「じゃあ、私たちが初めにすることも、これを参考に、私たちの身の周りの『変化』を見つけていく——っていうことね」

そう言ったのは洋子だった。

それに対し、真実はにっこり微笑むとこう言った。

「そう！　だから、今からそれをみんなで探していきましょう！」

「その『七つの機会』って、どういうのがあるんですか？——」と、今度は五月が手を挙げて発言した。「ごめんなさい。私、まだその本読んでなくて」

「いいのよ――」と真実が言った。「七つの機会には、次のようなものがあるわ」

そうして真実は、それを黒板に書き出していった。

第一　予期せぬことの生起

第二　ギャップの存在

第三　ニーズの存在

第四　産業構造の変化

第五　人口構造の変化

第六　認識の変化

第七　新しい知識の出現

それを見て、公平が言った。

「じゃあ、どれからやっていくのがいいのかな?」

すると、真実が答えて言った。

「ドラッカーは、こういっています――」

ただし、これら七つの機会の順番には意味がある。信頼性と確実性の大きい順に並べてある。（一二三頁）

「――つまり、この七つでいうと、第一の機会が一番『信頼性と確実性』が大きいというわけです。だから、ここでもまずは『予期せぬことの生起』から考えていきましょう」

6

「予期せぬことの生起――か」と、公平が首をかしげながら言った。「そこはおれも読んだんだけど、今のおれたちには関係ないんじゃないか、と思ったんだ」

「どうしてですか？」

「だって、おれたちはまだ、何も始めていないだろ？　だから、何も起こっていない。予期していたことはもちろん、予期していないことも。それで、関係ないんじゃないかと思ったんだ」

「なるほど……」と、真実は腕を組んで考えた。それから顔を上げると、「とにかく、一度みんなで見てみましょう」と言った。

真実は、本を開くと次の部分を朗読した。

予期せぬ成功ほど、イノベーションの機会となるものはない。これほどリスクが小さく苦労の少ないイノベーションはない。しかるに予期せぬ成功はほとんど無視される。困ったことには存在さえ否定される。（一四頁）

そのとき、「あの……」と五月が再び手を挙げた。

「『予期せぬことの生起』って、どういう意味ですか？」

「なるほど、そうね……」と、真実は本に目を落とし、こう答えた。「『予期せぬことの生起』とは、予期せぬ成功、予期せぬ失敗、つまり、予期せぬ出来事が起こること——ドラッカーはそういっているわ」

「具体的に、どういうことが『予期せぬこと』なの？」

「この本では、『メイシー』での出来事を具体例として挙げているわ。この本が書かれる三〇年以上前……ということは一九五〇年代かな。ニューヨークの高級百貨店であるメイシーでは、予想に反して家電製品が売れ始めたんだって。なぜ予想外だったかというと、メイシーの主力商品は婦人服で、家電製品はおまけにくらいしか考えていなかったからなの。これが『予期せぬ成功』よ」

「なるほど――」と五月が言った。「自分たちの『こうしよう』っていう意図とは違う形で成功することが、『予期せぬ成功』というわけね」

「ええ。そしてドラッカーは、これほどイノベーションの機会となるものはないのに、たいてい無視される――といっているわ」

「無視？」

「うん。例えばさっきのメイシーにしても、当時の経営者がこんなことを言ったんだって」


だがうちのような店では、売上げの七割は婦人服でなければならない。家電の伸びが大きく、六割にも達したというのは異常だと思う。健全な水準に戻すために婦人服の売上げを伸ばそうとしたが、どうしてもうまくいかない。（一四～一五頁）

「へえ！」と五月は目を丸くした。「せっかく家電が売れているのに、あんまり喜んでないのね。どうしてそんなふうに考えてしまうのかしら？」

　すると真実は、次の部分を朗読して聞かせた。

予期せぬ成功をマネジメントが認めないのは、人間誰しも、長く続いてきたものが正常であって、永久に続くべきものと考えるからである。自然の法則のように受け入れてきたものに反するものは、すべて異常、不健全、不健康として拒否してしまう。（一六頁）

「そして、『変化を謙虚に受け止めるのは、とても勇気が要ることだ』とも書いているわ」

それに対し、五月は頷きながらこう言った。

「分かる気がするわ。私も、あるとき髪をばっさり切ってきたの。そうしたら、あまりにみんなが『似合わない』って言うんで、びっくりしたことがあったわ」

そう言った五月の髪型は、今はやや短めのショートカットだった。

「でも、それ以上に驚いたのは、一週間も経つ頃には、みんながそれをすっかり忘れてしまっていたことよ。それどころか、最初は『似合わない』って言っていた人が、『似合う』って褒めてくれたりもしたの」

「ほう」

「今思えば、あのときみんなは『髪型』に抵抗を覚えたんじゃなくて、『変化』に抵抗を覚えていたのね」

「それは興味深い話ね。今ので思い出したんだけど、ドラッカーはこんなことも書いているわ」

　さらによく起こることとして、予期せぬ成功は気づかれさえしない。注意もされない。利用されないまま放っておかれる。（一七〜一八頁）

「――つまり、多くの人は変化に抵抗を覚えはするんだけど、それに無自覚でもあるのよ。自分でも気づかない場合が多いの。だから、五月ちゃんの髪型に抵抗を覚えた人も、それを自覚していないのよね。それで、ほとぼりが冷めたら『似合わない』と思ったこともすっかり忘れ、『似合う』って言ったんだわ」

「そう考えると、予期せぬ成功って意外と身近に転がってそうね――」と五月が言った。

「私たちの周りにも、気がついていないだけで、実は予期せぬ成功って起きているのかも」

　それに洋子が同調した。

「そうそう。人間って『成功』には鈍感なものよね。みんなやっぱり基準を高く持っているから、成功しても『当たり前』と思っちゃうんだわ」

　それを聞いて、真実がふと何かを思いついたような顔になった。

「それで言うと、今の私たちにも、すでに成功していることってあるんじゃない？」

「え、なに？」と公平が身を乗り出した。

するると真実は、にやりと笑いながらこう答えた。

「分かりません？　公平さん、さっき自分で言っていたじゃないですか」

それを聞き、ふいに夢が声を上げた。

「マネージャー！」

「えっ！」

と公平が驚きの声を上げた。夢は、その公平の顔を見ながらこう言った。

「さっき公平さん、こう言いました。『マネージャーだけ五人も集まるなんて、予想もしてなかったよ』って」

「確かに！」と公平も目を丸くして言った。「これって、もしかして予期せぬ成功なの？」

「そうです！」と真実が頷いた。「私たち、野球部を再開してまだ間もないのに、すでに五人ものマネージャーが集まったんですよ。これを成功と言わず、なんと言うんですか！」

「なるほど……確かにそうだよな。野球部を再開したときは、まずは部員集めが課題だと思っていたんだけど、なんの募集もなしにマネージャーだけ五人も集まるなんて、思ってもいなかったもんな」

「この『予期せぬ成功』を活用すれば、イノベーションの機会が見つけられるんじゃないでしょうか。ドラッカーは、こういっています」


　予期せぬ成功がもたらすイノベーションの機会を利用するには分析が必要である。

（一九頁）


「だからまずは、なぜ五人もマネージャーが集まったのか——その『分析』から始めませんか？」


　そこで、洋子が声を上げた。

「分析って、どうやってするの？」

　それに対し、真実は腕を組んで束の間考え、それからこう言った。

「そうね。まずは、なぜそういう現象が起きたのか、調べてみるのがいいと思う」

「調べるって、どうやって？」

「それはね——」と真実は一同を見回しながら言った。「ここにいるみんなに聞くの！　みんな、なぜマネージャーになろうと思ったの？　それを聞けば、この成功の要因が見えてくるんじゃないかしら」

「だったら、はい！」と手を挙げたのは洋子だった。「私はね、将来起業したいと思っているの。大学とか、就職とか、なんかピンと来なくて。だから、マネジメントのことを学びたいと思っていたんだけど、高校にはそれを勉強できる場がなくて。ちょうどそのとき『もしドラ』を読んで、それで野球部のマネジメントに興味を持ったんだ」

真実は、それをメモに取りながら、次に五月を指名した。すると、五月は立ち上がってこう言った。

「私は、洋子と友だちで、洋子に誘われたから……というのもあるんだけど、私自身は運動音痴で、スポーツはからきしダメなのね。でも、熱い青春に憧れていたから、野球部に入ったらそれが実現できるかな――と思って。だって、甲子園目指して汗と涙を流すなんて、すてきじゃない?」

「なるほど、熱い青春を体験したかった……と。じゃあ、次は公平さんお願いします」

「おれは、『もしドラ』に刺激を受けたし、文乃先生の話した『マネジメント』に興味を持ったというのもあるけど、そうだな……誰かの役に立ちたかった――というのが大きいかな。おれも運動は苦手だけど、趣味というのもなくて、毎日がただなんとなく過ぎていくだけだった。だけど、それじゃ物足りなくて、もっと生きている実感がほしかったんだ。それが、野球部を再生しようと思った動機。野球部の再生に取り組んでいると、なんかおれ、生きてるって実感できたんだよね」

続いて、今度は真実が自ら答えた。

「私は、高校に入ったら『何か面白いことをやりたい』って思ったの。『面白い』というのは、何か勉強になることね。何かを学びたいと思ったの。だけど、勉強とか部活とか、そういうのはありきたりで、あまり興味を持てなかった。私は、何か新しい方法——誰もやっていないような方法で勉強したかった。そんなとき、『もしドラ』のことを知ったんだ。読んで、『これは面白い』と思ったの。これなら、新しいことが学べるかもしれない——そう期待したの。それで、野球部のマネージャーをやりたいって思ったんだ」

それから真実は、最後に夢に尋ねた。

「夢は、なんでマネージャーをしてみようと思ったの?」

それで、夢は困ってしまった。

夢はこのとき、その答えを一生懸命探していた。真実がマネージャーになった動機をみんなに聞くと言った瞬間から、なんと答えようか、ずっと考えていた。

しかしそれは、なかなか思い浮かばなかった。正直なところを言えば、それは「真実に誘われたから」という答えになる。しかし、それではダメなような気がした。あまりに主体性がなさすぎて、みんなからバカにされるのではないかと怖れた。

幸い、真実は指名するのを最後にしてくれた。もしかしたら、夢が答えに窮しているのに気づいて、後回しにしてくれたのかもしれなかった。それでも、夢はなかなか気の利く答えを見つけられずにいた。

そこで仕方なく、とりあえず口を開いてみることにした。口を開けば、何か言葉が出てくるかもしれない――そう開き直って、立ち上がった。

そうして夢は、言葉を発した。

「私は……」

そこで夢は、束の間、一同を見渡してみた。するとみんな、真剣な眼差しで夢を見つめているのが分かった。

それから夢は、教壇に立っている真実を見た。すると真実も、やっぱり真剣な眼差しで夢を見ていた。

しかしその表情は、他のみんなとは少し違っていた。真実の顔は、心なしか楽しそうだった。その口元には、わくわくしているような微笑みが浮かんでいた。そこからは、夢の言葉を心待ちにしている様子が窺えた。それは、夢と話をするとき、真実がよくする表情だった。

それを見て、夢にはふいにある言葉が思い浮かんだ。そこで、彼女はこう言った。

「私は……『居場所』を探していたの」

それに対して、真実が尋ねた。

「居場所？」

すると夢は、しばらく俯いて考えた後、再び顔を上げるとこう答えた。

「私は、居場所を探していたの。どうしてかというと、いつも『居場所がない』って感じていたから。家でも学校でも、私は居場所がないと感じていた――」

そこで一旦間を置くと、再び口を開いてこう続けた。

「――でも、真実と友だちになって、私は『居場所ができた』と思った。真実と一緒にいると、私は居場所を感じられた。真実が、私の居場所を作ってくれたんだ」

みんなは、それを黙って聞いていた。夢は、さらに言葉を続けた。

「私は、居場所がほしかった。だからマネージャーになったの。野球部のマネージャーになって、そこに居場所を作ろうと思ったんだ」

7

「なるほど、面白い――」。しばらくの沈黙の後、そう口を開いたのは真実だった。「たった五人でも、実にいろいろな意見が出てくるものね。でも、これでよく分かった。今のみんなが、何を望んでいるか。何を求めているか」

「『みんな、そんなふうに考えてるんだ』って感心した――」と、今度は五月が言った。「でも、みんなの意見も、ちょっとずつ私の中にあるよ。私も、マネジメントの勉強はしたいし、人の役にも立ちたい。新しいことにも興味があるし、居場所だってもちろんほしい。そっか、居場所か。私もそれで、昔は苦労したからな」

「そうなの？」

と尋ねた洋子に、五月は溜め息をつきながら言った。

「あなたは苦労してなさそう」

「確かに！」と他ならぬ洋子が言ったので、教室にはみんなの笑い声が響いた。

それで、この日の会議は終了となった。次回は、この日出た意見をもとに『予期せぬ成功』を活かしたイノベーションについて考える――ということになった。


ところが翌日、またしても『予期せぬ成功』が起こった。真実が、さらにもう一人、入部希望者を連れてきたのだ。その男子生徒は、名前を木内智明《きうちともあき》といった。

「よろしくお願いします」とお辞儀した智明は、顔だけを見るとなかなかの二枚目だった。ただ、髪を昭和の映画俳優のように横分けにして、独特の古めかしい雰囲気を漂わせていた。

「ちょっと声をかけてみたら、ぜひやりたいって——」と、真実がばつの悪そうな顔で公平に言った。「彼も、入部してもらっていいですか？」

それに対し、公平は目を丸くしながらもこう答えた。

「それはもちろんかまわないけど……一体なんと言って誘ったの？　どうしてみんなマネージャーになりたがるんだろう？　よっぽど強烈な殺し文句でもあるの？」

「いえ、私は別に、何も言ってないんです。ただ……」

「ただ？」

「昨日、洋子から聞いた志望動機が面白くて、それを話したんです。そうしたら彼、興味を持って」

「私？」と洋子が、意表を突かれたような顔で自分を指さした。

その洋子に頷きながら、真実はこう言った。

「昨日、洋子が言っていた『マネジメントの勉強をしたいけど、高校にはそれをできる場がない』っていうの、あれ、ドラッカーがいうところの『ギャップ』じゃないかって気づいたの」

「ギャップ？」

「そう。『ギャップの存在』というのは、昨日話した、イノベーションを見つけるための第二の機会なの。『イノベーションと企業家精神』にはこうあるわ」

ギャップとは、現実にあるものと、あるべきものとの乖離、あるいは誰もがそうあるべきとしているものとの乖離であり、不一致である。(三三頁)

「――つまり、洋子には『マネジメントの勉強をしたい』という欲求があったにもかかわらず、現実の高校にはそれを学べる場がなかった。これは一つの『ギャップ』だと思ったわけ」

「なるほど、確かに……でも、どうして高校ではマネジメントを教えてくれないんだろう?」

「ドラッカーは、それについてこう言っているわ」

原因はわからないことがある。見当さえつかないことがある。だがそれにもかかわらず、ギャップの存在はイノベーションの機会を示す兆候である。(三三頁)

「――つまり、そうなっている原因はさておき、ギャップの存在そのものがイノベーションのチャンスだって。だから、洋子の欲求そのものが、実はイノベーションの機会だったのよ」

「私の欲求がイノベーションの機会！　全然気づかなかった……」

と、洋子は目を丸くした。

「それだけじゃないわ――」と、真実はみんなの方を向き直って言った。「私や公平さん、洋子や五月、それに夢も、多かれ少なかれマネジメントには興味を持っているわけじゃないですか」

「確かに」

と公平が頷いた。

「だから、それは『ニーズ』でもあると思ったんです」

「ニーズ？」

「ニーズは、ドラッカーがいうイノベーションを見つけるための第三の機会です。『イノベーションと企業家精神』にはこうあります」


イノベーションの母としてのニーズは、限定されたニーズである。漠然とした一般的なニーズではない。具体的でなければならない。それは、予期せぬ成功や失敗、ギャッ

プと同じように企業や産業の内部に存在する。（四五頁）

「『マネジメントの知識が求められているのに、高校にはそれを教える場がない』って、これ以上具体的なニーズはないな――と思って」

「へえ、つまり――」と公平が言った。「それは『ギャップ』であると同時に『ニーズ』でもあるというわけ？　二つの機会が重なってるの？」

それに対し、真実は一つ頷くとこう言った。

「それについて、ドラッカーはこんなふうにいっています」

これら七つのイノベーションの機会は、截然と分かれているわけではなく互いに重複する。それはちょうど七つの窓に似ている。それぞれの窓から見える景色は隣り合う窓とあまり違わない。だが部屋の中央から見える七つの景色は異なる。（一三頁）

「つまり、イノベーションの機会が重なる――というのはよくあることなんです。むしろ、重なっている方がより大きなイノベーションの機会といえるかもしれません」

それから、新しく入った智明を指し示しながらこう言った。

「それで、私は彼に声をかけてみたんです。『マネジメントを学ぶ場を提供するから、参加してみない？』って」

するとそれを受けて智明が言った。

「ぼくは、野球が大好きなんです。それも、するのではなく、見たり、研究したりするのが好きで。だから、野球のマネジメントをしてみたいって、ずっと前から思っていたんです。大リーグでいうところのGM――ゼネラルマネージャーのような仕事をしたいって。そうしたら、ちょうど児玉さんが声をかけてくれて」

それに対し、五月が割って入った。

「あ！　つまり真実はイノベーションを行ったんだ！」

「えっ？」

「部員勧誘のイノベーション。だって、その『誘い方』って新しくない？　普通は『野球をしませんか？』って誘うのに、真実は『マネジメントをしませんか？』って誘ったんだよ」

「おおっ！」と一同から感嘆の声が上がった。これには真実も、驚いた顔をしていた。

それを受け、五月はさらにこう続けた。

「整理すると、私たちはまず、『予期せぬ成功』に着目した」

「マネージャーだけ五人も集まる――という状況に着目したのね」

と洋子が応じた。

五月は、それに頷くとさらに続けた。

「そして、その成功を分析する中で、今度は真実が『ギャップ』の存在を見つけ出した」

「私や、それにみんなも、マネジメントを学びたいと思っているにもかかわらず、学校にその場がなかった」

「さらに、そこに『ニーズ』も見つけ出した。多くの高校生が、マネジメントを学ぶ場を求めている――という具体的な欲求に気がついた」

「だから、それを提供すると勧誘したところ、たちまち六人目の入部希望者が見つかった」

「そうして、『部員勧誘のイノベーション』が成し遂げられた……というわけだ」

そう引き取ったのは公平だった。

するとそこで、真実が「面白い！」と言った。「そうなると『野球部の定義』も見えてきた」

「どんな定義？」

そう尋ねた公平に、真実はこう答えた。

「私たちの野球部は、野球をするための組織ではない――ということです」

「えっ！」と、公平が素っ頓狂な声を上げた。「じゃあ、一体どんな組織なの？」

「それは、『マネジメントを学ぶための組織』です」

「ええっ？」

「これまでの野球部は、選手が主役で、マネージャーは脇役でした。それは、野球部の定義があくまでも『野球をするための組織』で、マネージャーはそのお手伝いに過ぎなかったからです」

「うん。それが普通だよね」

「それに対して、私たちの野球部はマネージャーが主役になるのです。そしてそのマネージャーが、マネジメントを学ぶための組織とするのです！」

8

真実のその言葉に、一同はシーンと静まり返った。みんな、どう反応していいか分からなかった。

やがて、公平が呆然とした顔でつぶやいた。

「確かに、それは新しい……」。それから、一同を見回すとこう続けた。「野球部が、野球をするための組織ではなく、マネジメントを学ぶための組織だなんて、聞いたことがないよ」

「でも……」と、不安げに口を開いたのは洋子だった。「そんな大胆な定義で、本当に大丈夫かしら？　みんなから、『頭がおかしい』って思われたりしない？」

「もちろん、その可能性はあると思う」

と真実が答えた。

「でしょ、リスクが大きすぎるわ」

するとその洋子の言葉に対し、真実はこう言った。

「でも、この定義は闇雲に考え出したものではないわ。私たちの理想や願望でもない。『予期せぬ成功』という現実から導き出した分析の結果なの――」。それから、『イノベーションと企業家精神』の本を掲げるとこう続けた。「ドラッカーは、予期せぬ成功についてこんなふうにもいっているわ」


予期せぬ成功は機会である。しかし、それは要求でもある。正面から真剣に取り上げられることを要求する。（二三頁）

「予期せぬ成功は、単にイノベーションのチャンスというだけではなく、それは社会の要求でもある——と。だから、それについて『正面から真剣に取り上げ』るのは、マネージャーとしての真摯さが問われることでもあるんじゃないかしら」

「むむむ、なるほど……」

「さらに、ドラッカーはこうもいっているわ——」

予期せぬ成功は、自らの事業と技術と市場の定義について、いかなる変更が必要かを問うことを強いる。それらの問いに答えたとき初めて、予期せぬ成功が最もリスクが小さく、しかも最も成果が大きいイノベーションの機会となってくれる。（二〇頁）

「さっき洋子は『リスクが大きすぎる』って言ったけど、ドラッカーの考えはむしろ逆なの。ドラッカーは、イノベーションには大きなリスクが伴うと一般的には思われているけど、それは誤りだといっているわ。むしろ、イノベーションが必要な分野でイノベーションを行わないことこそ、最もリスクが大きいって」

イノベーションが必然であって、大きな利益が必然である分野、すなわち、イノベーションの機会がすでに存在する分野において、資源の最適化にとどまることほどリスクの大きなことはない。論理的にいって、企業家精神こそ最もリスクが小さい。企業家精神のリスクについての通念が間違いであることを教えてくれる企業家的な組織は、われわれの身近にいくらでもある。（五頁）

それを聞いて、五月が言った。

「確かに、冒頭の『変化を利する者』というところにも、こういう言葉が書いてあるわね――」

企業家とは、秩序を破壊し解体する者である。シュンペーターが明らかにしたように、企業家の責務は「創造的破壊」である。（四頁）

「これでいうと、野球部を『マネジメントを学ぶための組織』と定義することは、正しいのかもしれない。だって、それってまさに『秩序を破壊し解体する』ことだから。高校野球一〇〇年の歴史と伝統を、『創造的』に『破壊』することだから」

それを受け、真実が言った。

「ちょっと話がずれるけど、野球部の定義を『マネジメントを学ぶための組織』にしようと考えたとき、ドラッカーの提唱した『民営化』のことを思い出したんだ」
「民営化？　民営化って、例えば電電公社がＮＴＴになったり、国鉄がＪＲになったりしたこと？」と洋子が言った。
それに対し、真実はこう答えた。
「うん。『民営化』って、実はドラッカーが編み出した言葉なの」

（民営化とは、私が『断絶の時代』〈一九六九年〉においてつくった造語である）（一一三頁）

「この民営化について、ドラッカーはこんなことをいっているわ――」

われわれには、資本形成に資する事業、すなわち利益をあげる事業として組織できるものを、資本を費消する事業、非営利の事業として運営する余裕はない。（一六四～一六五頁）

「どういう意味？」

「うん。NTTも国鉄も、民営化されるまでは国民の税金で運営——つまり非営利の事業として経営されていた。でもドラッカーは、せっかく利益を上げられる事業なのに、それを非営利にしておくのはもったいない、我々の社会には、もうそんな余裕はない——といったの」

「確かに、電話事業も鉄道事業も、それ単体で利益を生み出すことができるものね」

洋子のその言葉に、真実は頷くとこう続けた。

「私、これって高校の部活動にも当てはまるんじゃないかと思って」

「どういうこと？」

「高校の部活動って、これまでは先生や学校、あるいは地域や高野連といった大人たちが管理、運営する組織だったでしょ？　つまり、大人がマネジメントする場だった」

「うん。確かに」

「でも、それだと『もったいない』と思ったの」

「ほう」

「だって、せっかく高校生がマネジメントを体験できる絶好の場なのに、それを大人たちに任せておくような『余裕』は、もう私たちにはないんじゃないかしら。つまり、これは

「野球部の民営化！　それ、面白い！」と言ったのは公平だった。「マネジメントを生徒たちの手に！——というわけだな」

　すると、それを聞いた洋子が、しばらく考えた後にこう答えた。

「……分かったよ。これが『マネジメントを学ぶ』ということなんだね」

「ん？　どういうこと？」と尋ねた公平に対し、洋子はふいに不敵な笑みを浮かべるとこう言った。

「マネジメントは、生半可な気持ちじゃできない——ってことです。それがよく分かりました。もちろん、それを学ぶことの大変さは覚悟していたつもりだったけど、まさかここまでとは思わなかった」

　それから、一呼吸を置くとさらに続けた。

「マネジメントを学んでいると、私、胸の辺りがざわざわしてくるの。すっごく不安を覚える。動悸が速くなって、冷や汗が出てくる——」

　そこでもう一度区切ると、さらにこう続けた。

「でも、それがすごく楽しい！　わくわくする！　私、こういうのを求めていたの！」

　すると、それに五月が応えた。

「あ、ずるい！　一人だけ青春を味わって」

それで、一同は笑いに包まれた。

ただ、その中で一人、夢だけは笑っていなかった。夢だけは、不安に胸が締めつけられそうになっていた。

野球部のマネージャーになると言ったとき、最初は軽い気持ちでしかなかった。それこそ、ボールを磨いたり、用具を片付けたりといった、これまでのマネージャー像を想像していた。せいぜい『もしドラ』のように、野球部の経営の手伝いをするくらいだろうと。

ところが、この野球部では、選手ではなくマネージャーが主役だという。そうして、たとえ周囲から頭がおかしいと思われても、それがイノベーションの機会であれば、真剣に取り組まなければならないという。

夢は、そこまでする意味というのが、正直よく分からなかった。今のままで十分楽しいし、満足ではないか。

夢は、真実と楽しく過ごせればそれで良かった。それ以上は何も望んでいなかった。だから、変化を望む気持ちにはどうしてもなれなかった。

ただ、肝心の真実が変化を望んでいた。夢は、それには素直に従いたかった。

その背反する気持ちが、夢の心を引き裂くような格好となっていたのだ。それで、大きな不安を感じていたのである。

しかし、このことは誰にも言えなかった。そんなことを言ったら、せっかくの盛り上がった雰囲気に水を差してしまうと思ったからだ。

そのため、そうした不安は夢の胸の奥深くにしまい込まれた。しかしそれが、彼女の不安をより一層かき立てることともなったのだ。

第三章　夢は野球部の民営化に取り組んだ

9

数日後、私立浅川学園高校の新任教師である北条文乃は、校舎の廊下を足早に歩いていた。これから野球部のミーティングに参加するためだ。

昨日、マネージャーの児玉真実からこう問われた。

「明日、もしお時間があればミーティングに参加していただきたいのですが」

それで文乃は、「え、あ……はい。もちろん！」と、これを即座に引き受けた。

新任教師というのは、することがたくさんある。まず、仕事のやり方を把握したり、覚えたりするので時間がかかる。もちろん、一番大変なのは授業をすることだが、その上、たくさんの教師や生徒たちと、一つひとつ関係を構築していかなければならない。それらのことも、とても大変だし、時間がかかった。

しかし文乃は、それらの仕事を差し置いても、野球部のミーティングには参加したかった。なぜなら文乃は、まさにそれをするために教師になったからだ。

高校二年生のとき、文乃はマネージャーとして甲子園に出場した。それは強烈な体験だった。人生観を大きく覆すような出来事だった。

組織がマネジメントの力で変わる——その現場を目撃した。それはまさに「劇的」な変化だった。そのドラマに、文乃は魅入られた。それは、これまでの人生では味わったことのない面白さだった。

そのため文乃は、ますますマネジメントにのめり込んだ。そうして、三年生が卒業して最上級生になったとき、今度は自分がマネジメントの責任者となった。

ところがそこで、大きな壁に突き当たる。これまでとは裏腹に、やることなすこと上手くいかなくなったのだ。

文乃のマネジメントは、それまでのものと大差ないように思えた。ドラッカーの「人は最大の資産である」という考えに基づき、部員たちを活かそうとした。マネジメントを、人の強みを発揮させることに集中した。また、真摯さを貫こうとした。

しかし、なかなか成果が上がらなかった。成果が上がらないと士気も上がらない。野球部には再び沈滞したムードが蔓延するようになった。やがて、無断でサボるような部員も現れ始めた。

そうなると、真面目な部員とそうでない部員との間に溝が生じる。文乃は、今度はその調整に忙殺されることとなった。いさかいがある者同士の仲を取り持ったり、みんなの気持ちをケアしたりすることに膨大な時間と労力とを割かれた。おかげで、マーケティングやイノベーションといった、マネージャー本来の仕事が疎かになる始末だった。

結局、試合にもそれが反映された。最後の夏の地区予選、程久保高校は昨年度の優勝校であるにもかかわらず、初戦で早々に敗れてしまった。

そのため、文乃の心にはぽっかりと穴が開いたようになった。

「なぜ去年はあれほど上手くいったマネジメントが、今年は上手くいかなかったのだろう?」

そのことが、大きな疑問として残った。

そこで文乃は、受験が終わって時間に余裕ができるようになると、あらためて甲子園に出たときのマネジメントを振り返ってみることにした。どうせだったら徹底的に振り返ろうと、関係者などへの取材やインタビューを試みた。

そうして調査、分析を進めた後、今度はそれを文章としてまとめることにした。その際、それを伝えるのに最適な手段は何かと考え、結果として、小説形式でまとめることとした。するとその書き上がった原稿が、ふとしたきっかけから出版社の加藤貞顕という編集者の目に留まった。そうして、本として出版されることとなったのだ。

それが、あれよあれよという間にベストセラーとなり、大きな話題となったのである。その本が、いわゆる『もしドラ』だった。

それで、文乃の人生も再び少なからず変化した。ただ、そのこととは別に、『もしドラ』を書いたことによって文乃には、一つ気づかされたことがあった。

それは、上手くいったときのチームというのは、必ずしもマネジメントだけが機能していたわけではない——ということだ。そこにはもう一つ、見過ごすことのできない大きな要素があった。

それは「成長」であった。程久保高校は、文乃の先輩である川島《かわしま》みなみがマネージャーをしていた一年の間に、チームを構成するメンバーのほとんどが、何らかの形で成長していた。言い換えれば、そこで自らの弱みを克服していた。

例えば、監督の加地誠《かちまこと》が大きく成長した。彼には、生徒を怖れて正面から向き合えないという弱みがあった。

しかしみなみは、その弱みを克服させようとはしなかった。そこはあえて見て見ぬ振りをし、組織の中で中和しようとした。そのため、自らが通訳となって生徒との間を取り持った。チーム内に深刻な不和が生じたときも、一芝居打ってそれを回避しようとしたほどだ。

ところが、そこで予想外のことが起こる。みなみのそうした配慮に気づいた監督の加地が、なぜか自ら弱みを克服しようとしたのだ。そうして、勇気を振り絞って生徒たちと向き合うようになった。

あるいは、エースの浅野《あさの》慶一郎《けいいちろう》が大きく成長した。彼には、短気で自分をコントロールできないという弱みがあった。

しかしみなみは、これも直そうとはしなかった。ただ、それを弱みとして認識し、組織の中で中和するよう働きかけただけだ。

すると、今度もなぜか慶一郎自身がその弱みを克服しようとした。そうして彼は、あることをきっかけに忍耐強い人間に生まれ変わった。以降は、誰よりも根気強く練習し、チームの勝利に多大なる貢献をした。

さらに、他ならぬ文乃自身が大きく成長した。彼女には、人と話すのが苦手という弱みがあった。そして、すぐに逃げてしまうという悪いくせもあった。

文乃は、自分でもその弱みを重々承知していた。また、そういう自分を嫌ってもいた。

しかし、それでいながら直そうとはしなかった。「これは自分の性格だから」と諦めて、放置していた。そうして、いつまでも逃げ続けていた。

ところが、やっぱりあることをきっかけにそれを克服しようとした。そして、十分にとまではいかないが、人ともなんとか話せるようになったのである。少なくとも逃げるということは絶対にしなくなった。

そこで文乃は、「私はなぜ、自らの弱みを克服しようとしたのか？」ということを考えてみた。

すると、そこで思い当たったのは、そのきっかけに川島みなみという人間がいた——ということだ。彼女の人柄に触れ、自分の弱みを克服したいと強く望むようになった。川島みなみという人は、けっして他者の弱みに注目しなかった。それを中和することにのみ、全力を尽くした。その姿は、ドラッカーが「マネジャーに欠かすことのできない資質」といった「真摯さ」そのものだった。

それを見ているうちに、文乃はやがて自分が恥ずかしくなった。弱みを克服できないままチームに貢献できないでいることが、どうにもいたたまれなくなった。

それで、もう弱いままでいることには耐えられないと思い、自分を変えようと決心したのだ。

文乃が自らの弱みを克服したのは、そのことがきっかけだった。川島みなみが「強みを活かそうとするマネジメント」をしたことが、かえって「個々人の弱みを克服するきっかけ」となったのだ。

振り返ってみると、文乃のマネジメントに足りなかったのはこれだった。文乃も、みなみと同様に部員たちの弱みには注目しないようにした。しかし、彼らに弱みを克服させるきっかけを与えることは、ついにできなかった。それで、チームも成長を果たせなかった。

それに気づいてから、文乃の中では「成長」ということが大きなテーマとなった。「人はどうすれば育つのか？」、いや、もっといえば「人はどうすれば弱みを克服できるか？」ということが、尽きせぬ興味の対象となったのである。

そこから文乃は、教師を志すようになった。「人がなぜ成長するのか？」というのは、今や文乃にとって大きな謎だった。そればかりは、ドラッカーの本をどれだけ読み込んでも解き明かすことができなかった。

もちろん、ドラッカーも教育についてはすぐれた知見をいくつも書き残している。自己マネジメントや継続学習については、彼自身が終生取り組んでいたこともあって、興味深い記述が散見できる。

しかし、未熟な人間が自らの弱みを克服する方法については、これだと思えるような解答はついに見つけられなかった。

そのため文乃は、それを見つけるために教師の道を志した。浅川学園に赴任したのもそれが理由だった。文乃は、自分がマネージャーとして果たせなかった宿題を、そこで果たしたいと考えたのだ。

だから、どんなに忙しくとも野球部の仕事は優先して取りかかろうとしていた。それで、真実からミーティングへの出席を要請されたとき、一も二もなく引き受けたのだ。

10

文乃はやがて、野球部のミーティングが行われている校舎一階の西端にある小教室に到着した。中に入ると、六人のマネージャーたちはすでに会議を始めていた。そこで文乃は、話し合いの邪魔にならないよう一番後ろの席に腰かけ、みんなの言葉に耳を傾けた。

文乃は昨日、真実からこう言われていた。

「私たちは、野球部の民営化に取り組みたいんです」

「民営化？」

「ええ、野球部を、『マネジメントを学ぶための組織』にしたいと思って」

その言葉に、文乃はちょっと驚いた。それから、すぐに（面白い！）と思った。

この児玉真実という生徒には、独特の発想力があった。ドラッカーの概念を現実に落とし込む、すぐれた「具象化」の力があった。

ドラッカーの『マネジメント』というのは、とても「抽象的」なところがあった。そのため、それを実際に活かすためには具象化が欠かせなかった。

文乃はそれを、よく「干物を水で戻す」と表現した。ドラッカーの教えというのは、干物と同じように余計なものを取り除き、重要な部分だけを抜き取ってある。だから、そのままでは口に入れられないので、煮てやわらかくする必要があるのだ。

真実は、ドラッカーの言葉を煮てやわらかくし、食べられるようにする具象化が得意だった。それは、程高を甲子園へと導いたみなみと通じるところがあった。

そこで文乃は、真実たちのやり方をしばらく見守ろうと思った。それは、文乃が野球部の部長になったとき、自らに課したテーマの一つでもあった。

それもまた、みなみが得意としていたことだった。文乃が高校二年生のとき、みなみは部員たちを「見守る」という形でマネジメントした。方向性は指し示しても、具体的な指示をすることはほとんどなかった。

そのやり方で、彼女は大きな成果を挙げていた。だから文乃は、ここでもそれを踏襲しようとしたのだ。

文乃が聞いていると、浅川学園のマネージャーたちはこのとき、野球部の「事業」について話し合っていた。今後何をしていくのかを具体的に検討していた。

それを聞き、文乃はこれも（面白い）と思った。

普通、組織というのはまず「するべき事業」があって、それから人を集める。しかし浅川学園野球部においては、まずマネージャーが集まって、それからするべき事業を決めていた。事業の前に、まず人ありきだった。普通とは逆なのだ。

そういうマネジメントの話を、文乃は本で読んだことがあった。それは、ジム・コリンズの『ビジョナリーカンパニー2――飛躍の法則』という本だった。

コリンズは、生前のドラッカーとも親交の深かった経営学者だ。いうならば「ドラッカーの後継者」のような人物である。

その彼が、この本の中で「偉大な企業は、まず人を集めた上で事業を決める」との調査結果を発表していた。この考察は、これまで一般的に考えられていたものとは真逆だった――つまり、普通は事業を決めてから人を集めると考えられていた――ため、多くの人々に衝撃を与えた。

それにとどまらず、コリンズはさらに衝撃的なことをいっていた。

偉大な企業への飛躍に際して、人材は最重要の資産ではない。適切な人材こそがもっとも重要な資産なのだ。(『ビジョナリーカンパニー2――飛躍の法則』八一頁)

このように、彼はドラッカーの有名な「人こそ最大の資産」という言葉を、暗に否定しているのだ。

これを大学時代に読んだ文乃は、大きなショックを受けた。それがドラッカーと親しいコリンズの言葉だったからこそ、なおさらショックだった。

コリンズは、不適切な人材は組織の足を引っ張る――と説いていた。文乃にとって、それは一面には(その通りかもしれない)と思わされたが、しかし、感情的にはなかなか納得しづらいところがあった。

おかげでこの言葉は、以降、抜けない棘《とげ》のように文乃の心に突き刺さったままとなった。

そのためこのときも、真実たちの「先に人を決めて後から事業を決める」というマネジメントを見て、コリンズのことをすぐに思い出したのだ。

そこで文乃は、会議が一段落したタイミングで尋ねてみた。

「どうして事業について話し合っているの?」

すると、これには公平が代表して答えた。

「ぼくたちは、この野球部をベンチャー企業と位置づけたんです」

「ベンチャー企業？」

「はい。というのも、うちの野球部は創設こそ半世紀も前で、甲子園にも出場した経験を持ちますが、去年まで長らく休部状態にありました。その間、文化や伝統はすっかり失われてしまったので、もはやベンチャー企業――つまり新興組織と変わらないだろうと考えたのです」

「なるほど……」

「そうしたところ、『イノベーションと企業家精神』の『ベンチャーのマネジメント』という章に、こんな記述を見つけました」


ベンチャーにはアイデアがある。製品やサービスがある。売上げさえある。時にはかなりの売上げがある。確かにコストはある。収入があり利益もあるかもしれない。だが確立された事業がない。永続的な活動としての事業がない。何を行い、何を成果とすべきかが明確な事業がない。（一六七頁）

「――これを読んだぼくたちは、この野球部にも『事業』がないと気づきました。そこで、まずはそれを確立するところから始めようと思ったんです。それで、その事業を何にするか、話し合っていました」

「へえ。興味深いわね。それで、どう？　何をするか決まった？」

すると、今度は真実が代わりに答えた。

「はい。ちょっと時間がかかったんですけど、今さっき決まりまして」

「へえ！　すごい。教えて。一体どういうの？」

「ええ――ただその前に、まずは決定した経緯からお話ししてもいいですか？」

「もちろん！」

「ありがとうございます」と微笑んでから、真実は話し始めた。

「私たちはまず、『イノベーションと企業家精神』のこの部分に注目したんです」


　ベンチャーが成功するには四つの原則がある。第一に市場に焦点を合わせること、第二に財務上の見通し、特にキャッシュフローと資金について計画をもつこと、第三にトップマネジメントのチームをそれが実際に必要となるずっと前から用意しておくこと。第四に創業者たる企業家自身が自らの役割、責任、位置づけについて決断することである。

（一六八頁）

「これは、第15章の『ベンチャーのマネジメント』というところの記述です。この中の、特に第四の原則――『創業者たる企業家自身が自らの役割、責任、位置づけについて決断する』というところに、私たちは注目しました」

「ほう……どうして?」

「この章で、ドラッカーはベンチャー企業における『創業者の役割』について、かなりのページを割いて説明しています。それはなぜだろう?――と考えたからです」

「ふむ、なぜだったの?」

「それは、ベンチャー企業というのは、成長すれば、自ずからマネジメントの方法も変化するからです。そのため、あらかじめそれに対する準備をしておかないと手遅れになる――というのが、ドラッカーの主張でした」

「確かに――」と文乃が言った。「それでいうと、第三の原則である『トップマネジメントのチームをそれが実際に必要となるずっと前から用意しておくこと』というのも、その考えに当てはまるわね。ベンチャーにとって成長は欠かせないものだから、その変化への対応がマネジメントの鍵になる――ドラッカーはそう考えたんだわ」

「はい――」と真実は、にっこり微笑んでから話を続けた。「そしてこれは、私たち野球部のマネジメントにも、ぴったり当てはまると思ったんです」

「どういうこと?」

「私たちが所属する『野球部』という組織は、とても特殊な条件でマネジメントしなければならない——ということです。それが、ベンチャーのマネジメントにそっくりなんです」

「ベンチャーのマネジメントにそっくり……ということは、変化への対応が重要になるということ?」

「その通りです! さすが文乃先生——」と真実は破顔して言った。「私たち『野球部』には、構成員が三年経つと卒業しなければならない——という特殊な条件がありました。おかげで、そのマネジメントには常に『変化への対応』や、『その準備』が求められていたんです」

「なるほど! 確かに……」と文乃は感心して頷いた。それからふと、あることに気づかされた。

それは、(自分が高校三年生だったときに足りなかったのは、もしかしたらこれかもしれない)ということだ。つまり、変化への対応とその準備ができていなかったのだ。

文乃が高校二年生のとき、夏の大会が終わればみなみをはじめとする上級生たちが野球部を離れることは、初めから分かっていた。しかし、それへの対応と準備は、はっきりいってほとんどできていなかった。

そのため、いざ彼らが卒業するとなったとき、慌ててそれに取りかかった。おかげで、マネジメントが後手後手に回ってしまった。つまり、ドラッカーが危惧した失敗を、文乃たちも犯してしまったことになる。

そう考えて、文乃は愕然とした。『イノベーションと企業家精神』は、もちろんこれまでにも読んだことがあった。しかし、そのことには気づかなかった。

ところが真実は、まだマネジメントを始めて間もないのに、そのことに気づいていた。そうして、今からその準備に取りかかるのだという。

実際、『イノベーションと企業家精神』にはこんな記述もあった。

　自分は何が得意で何が不得意かとの問いこそ、ベンチャーに成功の兆しが見えたところで、創業者たる企業家が向き合い考えなければならない問題である。しかし、本来はそのはるか前から考えておくべきことである。あるいはベンチャーを始める前に考えておくべきことかもしれない。（一八七頁）

この言葉の通り、真実は「ベンチャーを始める前」から、変化への対応とその準備を始めようとしていた。

そのため文乃は、感心してこう言った。

「すごい！　よくそんなことに気づけたね」

すると真実は、こともなげな顔をしてこう答えた。

「いいえ、『気づいた』のではありません。それは、この本に書いてありました。私たちはただ、それを『読んだ』だけです」

そう言って、真実は持っていた『イノベーションと企業家精神』を掲げてみせた。

おかげで文乃は、一本取られた格好となった。

「え、あ、はい……なるほど……」

11

その狼狽えた様子がおかしかったので、生徒たちからはくすくすと笑いが漏れた。

しかし文乃は、そうした反応には慣れていたので、めげることなくなおも真実に問いかけた。

「――で、肝心のその事業はどういうものに決まったわけ？　そのことをまだ聞いていなかったわ」

すると、そこで洋子が手を挙げた。

「あ、それは私から説明します――」

「はい」

「野球部の事業――それは……『人材の確保』です」

「人材の確保？」

「はい。野球部という組織には、構成員が三年で卒業してしまう――という特殊な条件がありました。そのため、新しい構成員を常に補充しなければなりません。その『人材を確保』するというのが、一つの大きな事業になる――と考えたのです」

「これには、もう一つ理由があるんです――」と公平がそれを補足した。

「ドラッカーがいった『ベンチャーが成功するための四つの原則』の第二に、『キャッシュフローと資金について計画をもつこと』とあるんですけど、ぼくたち高校の野球部にとって、お金はもちろん必要ですけど、それほど重要ではない――という話になったんです。では、我々にとって『営利企業にとってのお金』と同じくらい重要なものは何か？――ということを考えたとき、それはやっぱり『人材』ではないか――という結論に達しました。なにしろ野球部は、部員がいないと成立しないですからね。そこで試しに、この『キャッシュフローと資金』の部分を『人材』に入れ替えてみたところ、すごくぴったりきたんです。『我々野球部は、人材について計画をもつことが重要だ』って」

「それ以前にも——」と真実がさらにそれを補足して言った。「人材をどう確保するか——というのは議題に挙がっていたんです。なにしろ、野球部の部員はまだ私たちマネージャーだけで、選手は一人もいません。それをこれから集めていく必要もあるので、私たちにとって『人材の確保』というのは、もともといろんな意味で重要だったんです」

それを聞いた文乃は、思わずこう叫んだ。

「面白い！」

「え？」と真実は、文乃のその大きな声に驚いて、ちょっと気圧されたような格好となった。しかし文乃は、かまうことなく続けて言った。

「そういうのを『アイデア』というのよ！」

「アイデア……ですか？」

「そう。任天堂のゲームデザイナーとしていくつもの名作を生み出した宮本茂さんは、アイデアというのは『複数の問題を一気に解決するもの』と定義した。つまり『一石二鳥』がだいじ——ということね」

「なるほど」

「例えば、任天堂は『ゲーム＆ウオッチ』の開発に古い液晶を使っていた。それは、値段が安いことと故障が少ないこと――という『一石二鳥』があったからなの。これは、やっぱり任天堂の開発者だった横井軍平さんが唱えた『枯れた技術の水平思考』という考え方でもあるんだけど、このアイデアが『ゲーム&ウオッチ』の大ヒット、あるいは電子ゲームのイノベーションにつながったわけ」

「へえ！」

「それでいうと、野球部の事業として『人材の確保』を位置づけるのは、一つには『変化への対応とその準備』のため、二つには『人材について計画をもつ』ため、そして三つには『選手獲得』のため――という『一石三鳥』になっているわ。その意味で、これは素晴らしい『アイデア』だと思ったの」

そう言われて、マネージャーたちの間にはホッとした空気が広がった。彼らにしても、果たしてそれを事業として位置づけていいかどうか、一抹の不安があったからだ。しかし、文乃のお墨付きを得たことで、その意を強くすることができた。

そうしてこの日から、浅川学園野球部は「人材の確保」を一つの基幹事業と位置づけ、部を経営していくこととなったのだった。

それから野球部は、今度は「どう人材を確保していくか」ということを話し合った。そこでまずは、懸案となっていた「どう選手を獲得するか？」ということについて検討した。というのも、野球部にはこのとき、マネージャーだけならもう六人も集まっていたが、選手はまだ一人も入部していなかったからだ。

そこでマネージャーたちは、ここでもドラッカーの『イノベーションと企業家精神』に則ってその方法を考えた。ベンチャーが成功するための四つの原則に「市場に焦点を合わせる」とあったため、まずはこれを参考にした。

「市場に焦点を合わせる」とは、顧客のニーズからスタートする――ということだ。そこでマネージャーたちは、選手獲得の「方法」については議論を後回しにした。それよりも先に「顧客のニーズ」――つまり野球をしている中学生たちはどういう野球部に入りたいか――ということから考えた。なぜなら、それが分かれば方法は自ずと決まってくるからだ。

そこで一同は、「野球をしている中学生はどういう高校に入りたいか？」ということを議論した。すると、一つのシンプルな結論が浮かび上がった。その答えは簡単すぎて、もはや考えるまでもないほどだった。

それは「甲子園に出られる高校」ということだ。

ほとんど全ての野球少年にとって、甲子園は憧れの場所だ。だから、そこに出られる高校は、多くの野球をしている中学生たちが入りたいと望んでいた。

しかもその考えは、浅川学園の隠れた伝統でもあった。半世紀前の創設時、学校は野球部の強化を生徒獲得の重要な施策と位置づけた。なぜなら、野球部が甲子園に出られれば、それが宣伝となって新たな生徒を獲得できるからだ。それで、著名な監督や有望な選手たちを集め、野球部を強化していったのだ。

当時はそれが奏功し、甲子園出場を果たすことができた。またそれをきっかけに、多くの生徒を集めることにも成功した。

野球部が上手くいかなくなったのは、それを持続できなかったからだ。甲子園に出られなくなって歯車が噛み合わなくなった。それが負のスパイラルを招き、ついには休部にまで追い込まれた。

そこで浅川学園の六人のマネージャーたちは、「甲子園出場」を野球部の目標として定めた。また、前回の轍を踏まないよう、ただ出場するだけではなく「出場し続けること」をもう一つの目標とした。

それは、一見して途方もない夢のように思えた。なにしろ、まだ選手が一人もいないうちから、単に甲子園に「出る」だけではなく「出続ける」ことを目指すというのだ。

しかし浅川学園のマネージャーたちは、それをけっして「途方もない夢」とは考えなかった。なぜなら、それは闇雲にひねり出した理想や希望などではなく、変化を見つけたり市場に焦点を合わせたりした中で辿り着いた、一つの分析結果だったからだ。

野球部のマネージャーたちは、前にも一度これと似たような経験をしていた。野球部の定義を「マネジメントを学ぶための組織」と決めたとき、それは一見すると大きなリスクがあるように思えたのだが、しかし実際はそうした決定を下さないことの方がはるかに大きなリスクだった。

それを確認していたから、ここでもこの目標をすんなりと受け入れることができた。そうして議論は、次に「ではどうすれば甲子園に出られるか？　出続けられるか？」ということに移った。

するとそこで、今度は大きく分けて三つの課題が浮かび上がった。

第一　野球の上手い選手をどう集めるか？
第二　監督に誰を選任するか？
第三　グラウンドをはじめとする環境をどう整えるか？

まず第一の課題だが、甲子園に出るためには、野球の上手い選手たちを、一人ではなく複数集める必要があった。野球をしたことのない者や、経験はあっても下手な者を集めていたのでは、それこそ甲子園出場が「途方もない夢」となってしまう。現実的に考えると、それなりの実力がある選手たちを集めない限り、この目標は達成されそうになかった。

そのため今度は、「ではどうすれば野球の上手い選手たちが、四半世紀もの間休部していた浅川学園に入学してくれるか？」ということが議題となった。

するとそこで、今度は大きく二つの意見が出た。一つは「すぐれた指導者」がいること。もう一つは「素晴らしい環境」が整っていることだった。

これも、浅川学園が半世紀前に採用した方法であった。たとえ甲子園に出たことがない新設校でも、すぐれた指導者がいて素晴らしい環境が整っていれば、野球の上手い選手たちはそれを魅力に入ってきてくれる。

そこでマネージャーたちは、今度は「ではどうすればすぐれた指導者が野球部の監督になってくれるか？」ということと、「どうすれば素晴らしい環境を整えられるか？」ということについて話し合った。

しかし、そこで壁に突き当たってしまった。というのも、それらの課題は高校生の力では、すぐに解決できるものではなかったからだ。

監督を選任する人事権は学校が有していた。また、グラウンドをはじめとする環境を整えるための資金も、学校が管理していた。それらは、生徒たちの権限では簡単に動かすことができなかった。

実際、半世紀前はそれらを学校側が動かしていた。しかし今度の野球部は、「民営化」がテーマだった。そのため、それらは生徒たちの手で動かしたかった。そのことの困難さが、野球部マネジメントチームの前に立ちはだかったのだ。

12

数日後、夢はこの日も教室の窓から外を眺めていた。窓の外はこの日、春の雨が降っていた。

しかし夢は、いつものようにぼんやりとしていたわけではなかった。むしろ、心の中には嵐が吹き荒れていた。（大変なことになった……）と思いながら、窓の外の花壇を緊張した面持ちで見つめていた。

それから、意を決すると教室を後にした。そうして、昇降口で靴を履き替えると、教室の前の花壇のところまでやって来た。すると、そこにはたくさんの紫陽花が植わっていた。その花が、今はちょうど咲き始めだった。

それを見ながら、夢はある人を待っていた――。

野球部のマネジメント会議は、「監督と環境をどうするか？」というところで停滞した後、真実の提案で他の議題に移ることとなった。

そこで今度は、「トップマネジメントのチームをどう用意するか？」ということについて話し合われた。ドラッカーがいう「ベンチャーが成功するための四つの原則」の第三に「トップマネジメントのチームをそれが実際に必要となるずっと前から用意しておくこと」とあったので、それに従ったのだ。

すると、これについては比較的スムーズに議論が進んだ。現在の六人のマネージャーで構成する――というのがすぐに決まったのだ。

そこで、今度はそれぞれの役職を決めていくことにした。それは、ドラッカーが「自分は何が得意で何が不得意かとの問いこそ、ベンチャーに成功の兆しが見えたところで、創業者たる企業家が向き合い考えなければならない問題である」と述べていたため、やっぱりそれに従ったからだ。

そうして、まずはマネージャー個々人の「何が得意で何が不得意か」について話し合った。その後、それぞれの役職を次のように決めていった。

まず、リーダーは部を再建した公平に決まった。

次に真実は、その交渉力を活かして渉外担当となった。

洋子は、アイデアを考えるのが好きということから企画担当となった。

五月は、「熱い青春を味わいたい」というのがマネージャーになった理由なので、主に現場や実務を担当することとなった。

最後に加入した木内智明は、この中で唯一野球に詳しいということで、野球についての戦略を担当することに決まった。

そうして、あとは夢を残すだけとなった。ただ、ここで少し難航した。夢の担当だけ、なかなか決めることができなかった。

「夢ちゃんは、何が好きで何が得意なの？」

リーダーに決まった公平からそう問われても、夢はなかなか答えることができなかった。

（好きなことといえば、友だちの真実と、それから窓の外を見ること。得意なことは特にありません……）では、話にならないと思ったからだ。

そうして一同が考えあぐねていたとき、ふいに真実がこう言った。

「夢は……『人事担当』はどうかしら？」

それで夢は、「えっ？」と驚いて真実の顔を見た。そして、慌ててこう尋ねた。

「人事って、何をするの？」

「そうね——」と真実は、束の間考えてからこう答えた。「人事は、誰がどこで働くかを決めたり、仕事がその人に合っているかどうかを判断したりするの。例えば今、私たちはそれぞれの役職を決めているけど、それが正しいかどうかを査定したり、あるいは調整したりするのも人事の仕事ね」

それに対し、夢は目を丸くするとこう言った。

「そんな大それたこと、私にはできないよ！」

しかし真実は、「そうかなぁ……」と首をひねりながらこう言った。「夢に合ってると思うけどなあ」

すると、それを受けて洋子が言った。

「私も賛成！　夢ちゃんに合ってると思う」

それに続いて、他のメンバーも異口同音に賛意を示したので、図らずも本人以外全員が賛成する格好となった。

しかし夢は、それでもなかなか受け入れることができなかった。「でも……」とつぶやいてから、しばらく下を俯いた。

すると真実は、今度はこんなことを言い出した。

「じゃあ、こう考えるのはどう?」

「え?」

「『人事』というから堅苦しく聞こえるけど、要は『居場所を作る』ってことなんだよ」

「居場所を作る?」

「うん。ほら夢、前に、マネージャーになったのは居場所を作りたいから――って言ってたでしょ?」

「え? あ、うん……」

「居場所を作る仕事は、そういう人こそするべきだと思うの。だってそういう人こそ、居場所について詳しいし、親身になって考えることもできるでしょ」

するとみんなは、その言葉に「なるほど」と頷いた。

さらに真実は、こう締めくくった。

「――つまり、『居場所を作るのが、夢の居場所』っていうわけ」

「居場所を作るのが、私の居場所……」

それで夢は、その言葉にまた心にポッと火の灯るような温かみを感じた。そうして、不安はあったものの、その仕事に対するやりがいも急に湧き上がってきた。

そこで夢は、あらためて真実という存在の大きさを認識した。彼女の何気ない一言が、自分をこんなにも前向きにさせてくれる――そのことが大きな驚きだった。

それで、(自分もいつか真実のように何気ない一言で誰かを前向きにさせられたら)と、その憧れを新たにした。そうして、その役職を引き受けたのだった。


この日の会議はこれまでとなった。監督をどうするかということと、環境をどうするかということについては、それぞれが宿題として考え、後日話し合うことと決まった。

すると、その後日の会議で、企画担当の洋子がこんな提案をした。

「この前から、ちょっと気にかかっていることがあって」

「なに?」と司会の真実が尋ねた。

「前に、文乃先生が『アイデア』について話してたでしょ? 複数の問題を一気に解決するもの――すなわち一石二鳥こそが『アイデア』だって」

「うん」

「それでいうと、『グラウンド整備』って私、『アイデア』じゃないかと思うのよね」

「どういうこと?」

「まず、そもそもグラウンドは整備しなければならないって、ずいぶん前から懸案になっていたよね」

「そうね。このまま草っ原として放置しておくのはいたたまれないし、せっかくあるんだから有効に使わないともったいない」

「それと、この前『有望な選手を獲得するには環境が整っていなければならない』って話になったけど、その『環境』というものも、大部分が『グラウンド』のことを指しているんじゃないかしら」

「確かに！　グラウンドが素晴らしければ、それはもう『環境が素晴らしい』ということとほとんど同じ意味だもんね」

「だから、『グラウンドを整備する』というのは、今の時点で一石二鳥――つまり『アイデア』になるんじゃないかと思ったの」

「なるほど！」

洋子のその意見に、一同からは期せずして拍手が湧き起こった。

すると洋子は、その拍手が収まるのを待ってから、さらにこう続けた。

「――しかも、それだけじゃないわ」

「ん？」

「グラウンドを整備するのは、やり方によっては『イノベーション』にもつながると思ったの」

「どういうこと？」

「『イノベーションと企業家精神』に、『イノベーションの原理』についての記述を見つけたんだけど、そこでドラッカーは、次の五つを挙げているわ」

第一　イノベーションを行うには、機会を分析することから始めなければならない
第二　イノベーションとは、理論的な分析であるとともに知覚的な認識である
第三　イノベーションに成功するには、焦点を絞り単純なものにしなければならない
第四　イノベーションに成功するには、小さくスタートしなければならない
第五　イノベーションに成功するには、最初からトップの座をねらわなければならない

「これは……『第11章』のところね」

「うん。それでね、グラウンドを整備することって、この原理に則ってるんじゃないかと思ったの」

「ほう」

「第一に、私たちは『機会を分析すること』によって、『グラウンド整備』という仕事に辿り着いたでしょ」

「うん」

「第二に、それは『理論的な分析』ではあったけど、まだ『知覚的な認識』とはいえないわよね。頭で考えたことであって、行動が伴っていない。だから、今度はそれを行動に落とし込む必要があると思うの。つまり、私たちで実際に、グラウンドを整備してみる必要があるんじゃないかしら」

「なるほど――」と真実が言った。「やってみなければ分からないことも、いろいろとあるだろうしね」

「その通り。グラウンドを整備することは、私たちのイノベーションが正しいかどうかを検証する絶好の機会になると思うの」

「確かに！」

「続いて第三なんだけど、ドラッカーは『焦点を絞り単純なものにしなければならない』っていっているわ。だからこの際、私たちのすることを、しばらくはグラウンド整備に集中してみたらどうかと思って。それくらい『焦点を絞り単純なもの』にすることが重要なんじゃないかしら」

「ふむ……」

「次の第四には、『小さくスタートしなければならない』とあるわ。これは、失敗したときの痛手が少なく済むように……っていうことだと思うんだけど、これにもやっぱり、グラウンド整備は最適だと思ったの。だって、どんなに草がぼうぼうだとしても、取り除くのに一年も二年もかかるわけじゃないでしょ？　だから、たとえ失敗したとしても、すぐにやり直せる。その意味で、『小さくスタート』するにはもってこいなの」

「なるほど」

「そして第五は、『最初からトップの座をねらわなければならない』ってあるんだけど、私はここがポイントかなと思った」

「どうして？」

「ドラッカーは、イノベーションを起こすには『最初からトップの座をねらわなければならない』っていっているのよ。つまり、もし私たちがあの天空グラウンドを整備するとなったら、最初から日本一のグラウンドにするつもりでしなければいけないということ！」

「ええっ？」

そうして結局、洋子のこの「アイデア」は採択されることとなった。

野球部のマネージャーたちは、事業の取っかかりとしてグラウンド整備に焦点を絞ることにしたのだ。そうして、それを日本一のグラウンドにするということを、一つの目標としたのである。

第四章　夢は野球部の人事に取り組んだ

13

天空グラウンドを日本一のグラウンドにするためには、どうすればいいか？

そのことを話し合っていたとき、智明からこんな意見が出た。

「どうせだったら、花を植えてみるのはどうでしょう？」

「どうして？」と司会の真実が尋ねた。

「アメリカでは、野球場のことを『ボールパーク』といいます。つまり、野球『場』ではなく、野球『公園』ですね。だから、天空グラウンドもせっかくだったら公園のようにしたいなって」

「なるほど。公園といえば花というわけね……面白い。夢」

「は、はい？」

と夢は、急に名前を呼ばれてびっくりした。

「人事の担当として、誰か花に詳しい人を見つけてくれない？」

「花に詳しい人？　それは、造園業者さんを探すということ？」

「いえ、学校の生徒の中から、それを見つけてほしいの」

「生徒の中から？」

「うん。実は昨日、野球の上手い中学生の集め方――について、あらためて調べてみたんだ。そうしたら――」と真実は、みんなの方に向き直って言った。「選手を勧誘するのも、今はけっこう難しいということが分かったの」

「難しいって？」

そう尋ねた五月に、真実は答えて言った。

「今、いろいろと規則ができて、中学生を直接勧誘したりしちゃいけないんだって。それどころか、接触もほとんどしちゃいけないって。特待生制度も制限されるようになったし」

「そうなんだ？　うちの高校も含め、昔はどこもやってたみたいだけど」

「きっと、それでいろいろと問題が起きたんじゃないかな。だから、私たちが『人材を確保』するとなると、それはあくまでも浅川学園に入学してきた生徒たちに対して――ということになるの。野球が上手い中学生に対しての勧誘は、かなり消極的なものにならざるを得ないわ」

「なるほど」

「だからね——」と真実は、夢に向き直って言った。「グラウンドに花を植えるに当たって、誰か詳しい人の協力を得たいんだけど、それもやっぱり、浅川学園の生徒の中から見つけてほしいの。もっといえば、この学校に通う八〇〇人の生徒たちのことを、もっとよく調べてほしいの。何が好きで、何が得意か。周囲からどのように評価されているか——その情報が、今後の『人材の確保』という事業においては、とても重要になってくると思うから」

そうして夢は、「花に詳しい人」を探すこととなった。ただし、それを見つけることについては、そう苦労することがなかった。なぜなら夢は、この時点ですでに目星をつけていたからだ。

その人物の名は、松葉《まつば》楓《かえで》といった。彼女は、浅川学園の二年生だった。

なぜ夢が楓のことを知っていたかといえば、それは教室の窓からよく見ていたからだ。

夢の教室の窓の前に花壇があったのだが、楓はいつもその手入れをしていた。夢はよく、その光景を見るとはなしに見ていたのだ。それで、真実から「花に詳しい人を見つけてくれ」と頼まれたとき、すぐに楓のことを思い出した。

ただ、これまで楓とは会話をしたことがなかった。二年生だということは知っていたが、この時点ではクラスや名前さえも分かっていなかった。

だから夢は、楓にコンタクトを取ろうと思ったとき、花壇の前で待つことにした。そこで待ち伏せをして、楓が来たときに話しかけようとしたのだ。それが一番手っ取り早いと思った。


そうしてこの日、夢は花壇の前で楓が来るのを待っていた。

その待っている夢の目の前に、たくさんの紫陽花が植わっていた。それが今はちょうど咲き始めで、夢は気づくとその雨露に濡れた花の瑞々しさに見とれていた。

すると、急に後ろから声をかけられた。

「紫陽花が好きなの?」

おかげで、夢は飛び上がらんばかりに驚いた。そうして慌てて振り返ると、そこには楓が立っていた。

「え、あ、はい!」と、夢は、思わず文乃のような返事をした。

楓は、その夢の顔をじろじろと見て、それからこう言った。

「……あなたのこと、私、知っているわ」

「え？」

「一年生よね？」

「は、はい！　そうです！　岡野夢と申します」

「あそこの窓から、いつもこっちを見てるでしょ」

と楓は、夢の教室を指さした。

「あ……気づいてました？」

「そりゃ気づくわよ。いつもじろじろと見て……はっ！」

「え？」

「あなた、もしかして……」

「？」

「私に『花の育て方』を聞きに来たんじゃないわよね？」

「ええっ！」

図星だったので、夢は驚いてこう尋ねた。

「どうして分かったんですか？」

「いえね、ときどきいるのよ。『私にも教えて』って人」

「そうなんですね！　あ、でも当然ですよ。だって、こんなにきれいなんですもん」

「そう？　ありがとう」

そのとき夢は、花を褒められた楓が少し表情をやわらげたように見えた。そこで、ここがチャンスとばかりに、なおも言葉をたたみかけた。

「自然て、ほんと美しいですよね――」


ここに来るまで、夢は一つの「戦略」を立てていた。それは、楓を「どう説得するか」ということについてである。その方法を、事前に真実と打ち合わせしたのだ。

その話し合いの中で、真実は夢にこう言った。

「ここから先、野球部の経営は『説得』が一つの鍵となるわ。なぜなら、野球部の事業を『人材の確保』と決めた以上、人の勧誘を継続的にしていく必要があるんだけど、そこでは『説得』を欠かすことができないからね」

そこで夢と真実は、あらためて「説得とは何か？」ということを話し合った。ここでも参考にしたのは、ドラッカーの『イノベーションと企業家精神』だった。

この本の中で、ドラッカーはこんなふうにいっていた。

そして何よりも、企業家戦略というものが、顧客にとっての効用や価格、顧客に特有の事情や価値からスタートするとき、成功の確率がきわめて高いことも明らかである。

（二四三頁）

「顧客からスタートする」というのは、マネジメントの基本中の基本である。それは、野球の上手い中学生をどう獲得するかということを話し合ったときにも、さんざん肝に銘じたことだった。

そのため真実と夢は、ここでも顧客からスタートすることにした。則ち、これから勧誘する相手の「効用や価格」「特有の事情や価値」を探ることから始めたのだ。

そこで真実は、こんなふうに切り出した。

「『説得』というのは、『依頼』ではないのよ」

「どういうこと？」

そう尋ねた夢に、真実は答えて言った。

「『説得』とは、相手にとっての『得』を『説く』ということなの。相手に、『あなたにはこれだけの得がありますよ』と教えてあげること。こちらの都合に合わせて、お願いしたり、頼んだりすることじゃないのよね。だから『説得』という字を書くのよ」

「ほんとだ！　すごい！」と夢は感心して言った。「よくそんなことに気づいたね」

「ふふ、本当は文乃先生の受け売りなの」

「なんだ……。でも、確かにその通りだわ」

「だから、花に詳しい人の協力を仰ぐとなったら、まずはその人の得になることを考えて、それを説明する必要があるんだわ」

そのため二人は、花に詳しい人にとって何が「得」になるのか、いろいろと考えてみた。しかし、これという答えはなかなか見つからなかった。

そこで二人は、文乃に相談してみることにした。文乃なら、何か答え、もしくはヒントを教えてくれるかもしれないと考えたからだ。

すると文乃は、そこで面白い話をしてくれた。それは、「教える」ということの効用についてだ。それを文乃は、こんなふうに説明した。

「『教える』というのは、それそのものが、教える方にとっても『得』になるケースが多いの」

文乃によると、人間というのはそもそも、誰かが自分に関心を持ってくれることに大きな喜びを覚えるのだという。親身になって話を聞いてもらうのが、とても嬉しいのだそうだ。

特に、自分が好きなものについての説明を求められると、大きな喜びにつながるのだという。

「それは、一種の本能のようなものなの――」と文乃は説明した。「人間は、そうできているの。だから、こちらが何かを教わろうとするだけで、相手の得になるということが、まずあるわ」

これについてもっと詳しく知りたければ、デール・カーネギーの『人を動かす』という本を読めばいいとのことだった。

次に文乃は、こんなことを教えてくれた。

「人に何かを『教える』ということは、その人自身が『学ぶ』ということでもあるのよ」

例えば、花について詳しい人が、他の誰かに花について教えていると、その人自身も花について勉強になるのだという。教えることを通じて、自分も勉強できるのだ。

ドラッカーも、その効用について何度か述べているという。彼が学生のとき、級友に数学を教えたところ、ついでに自分の数学の成績も上がったというのだ。

それもあってドラッカーは、生涯を通じて「教える」ということに取り組み続けた。それは、生涯学習をテーマとしたドラッカーが「学び」続けるためでもあった。「教える」ことと「学ぶ」ことはイコールなのだ。

さらに文乃は、教えることの三番目の効用について、こう説明した。

「前にテレビで見たんだけど、オリンピックで自身もメダルを獲得し、その教え子もメダルを獲得した人が、『自分と教え子のメダル、どちらが嬉しいですか？』ってインタビューを受けていたの。そうしたら、その人はこんなふうに答えていたわ。『教え子が勝利する方が、自分が勝利するのとは比べものにならないくらい嬉しい』って。人間て、教え子の成長することが、自分が成長すること以上に嬉しいみたいなのよね」

それから文乃は、二人を交互に見るとこう締めくくった。

「だから、その人の好きなものについて関心を持って聞き、その人から学んで、学んだあなた方が成長すれば、きっと相手にとって得になるんじゃないかな」

そこで夢は、その戦略を実行しようと、この日の楓との話し合いに臨んだのだ。

14

夢は、花を褒められた楓の表情がやわらいだと見て、なおも言葉をたたみかけた。

「自然て、ほんと美しいですよね――」

そうしてそこで、楓の「教え」を引き出そうとした。自然の美しさを、楓から教わろうとしたのである。

　ところがそこで、夢は思ってもみなかった返答を聞くこととなる。楓はそこで、こう言ったのだ。

「そうかな?」

「え?」

「自然て、本当に美しい?」

　それで夢は、戸惑った。まさかそんな反応が返ってくるとは思ってもみなかったからだ。

　そのため、どう答えようかと返答に窮してしまった。

（そう言うということは、きっと楓は自然の美しさに疑問を持っているのだろう。そんなことは考えてもみなかった！　まさか、花を好きな人が自然を美しいと思っていないなんて……）

　夢は、自分では自然を美しいと思っていた。楓が来るまで、紫陽花に見とれていたのは本当のことだ。

　そのため彼女は、（ここで変に同調するような真似はしない方がいい）と思った。（嘘をついたのでは、かえって信用をなくしてしまう）

　それで仕方なく、こんなふうに返事をした。

「……はい。私は、自然は美しいと思います」

するとと、楓はこう言った。

「日本人が『美しい自然』というとき、最も多く挙げる例って、どういう景色のことか知ってる？」

「どういう『景色』ですか？　それは……」と夢は、考えてからこう答えた。

「こう……山があって、田んぼがあって、ウグイスの鳴き声が聞こえてくるような……そんな、『まんが日本昔ばなし』に出てきそうな景色でしょうか？」

するとと楓は、意外そうな顔になるとこう言った。

「正解！　よく分かったわね」

「本当ですか？　嬉しいです！」

「……そういうのを『里山』というんだけど、知ってる？　里山って、人間の手が入りまくってるんだよ？」

「えっ？　そうなんですか？」

「だってそうでしょ。田んぼなんて人間以外作れないし、山だって、人間が植林したり伐採したりして、初めてああいう景観になるんだ。その里山も、最近では手入れする人が少なくなったから、どんどん荒れていってるの。それで『美しい自然が失われる』って嘆く人がいるんだけど、でも、それっておかしいよね。だって、それはどんどん『自然に戻っていってる』ってことなんだから」

「あ……確かに」

「つまりね、人間は『ありのままの自然』を美しいとは思えないんだ。それよりも、ある程度人の手が入った人工的な自然を美しいと思うようにできているの」

「そうなんですね！」

そんな考え方は聞いたこともなかったから、夢は心の底から驚いた。彼女はこれまで、何の疑いもなく自然を美しいものだと思っていた。

しかし楓は、それを違うと言う。さらに彼女は、こんな質問を重ねてきた。

「なぜ人間は、人間の手の入ったものを美しいと感じるか、知っている？」

それで夢は、今度も正直に答えた。

「いえ、知りません」

「それはね、人間が『混沌』を嫌うからよ。人間は、ごちゃごちゃしているものを見ると、本能的に苦手意識を持っちゃうんだ。本能的に汚いと思ってしまうの」

「そうなんですか？」

「そう。だから、その混沌を整理して『秩序』を与えてあげると、初めて美しさを感じ、好きになれるというわけ。里山がそうだし、この花壇だってそうよ」

「これもですか？」

「この花壇にだって『秩序』があるの。だから美しいと感じることができるんだ」

それを聞いて、夢はふと、「里山」や「花壇」と「マネジメント」は似ている――と思った。

マネジメントも、混沌とした人間社会に秩序を与える。人間は、ありのまま、自然のままでは上手く生きることができない。だから、マネジメントによってそこに秩序をもたらす。秩序がもたらされた社会を、人は美しいと思う。

それで夢は、そのことを楓に話してみた。すると楓は、感心した顔になってこう言った。

「あなた、面白いこと言うわね」

そのため夢は、今度こそチャンスと思ってこう言った。

「実は私、野球部のマネージャーをしているんです」

「へえ……」

「それで、今度そのグラウンドを整備するんですけど、そこに花を植えたいと思って。その植え方を、ぜひとも教えていただけませんか？」

すると、楓はこう言った。

「イヤよ」

「ええっ？」

「なんでそんなこと、私が教えなければならないの？」

「それは……私たちでは上手くやることができないからです。花に詳しい人の助けが必要なんです」

「そんなの必要ないわよ。花なんか、適当に植えたって育つもん」

「いえ、それじゃダメなんです」

「何がダメなの？」

「私たちは、そのグラウンドを日本一にしたいんです」

「日本一？」

「はい！　日本一のグラウンドにするためには、その花も日本一にする必要があるんです。だから、花に詳しい人の助けがどうしても必要なんです！」

「あなた！」とそれを聞き、楓がカッと目を見開いた。それから、夢に顔を近づけるところ言った。「私が育てた花に、順位をつけようっていうの？」

「えっ？」

「あなた、『世界に一つだけの花』って歌、知らないの？」

「えっ……あ、はい。もちろん知ってます。ＳＭＡＰの……」

「その歌にあるでしょ！　花は『もともと特別なＯｎｌｙ　ｏｎｅ』で『争うこともしない』って。『NO.1にならなくてもいい』って！」

「あ……」

「その花たちに、あなたは日本一――つまり『NO.1』になれというの？」

夢は、今度こそ唖然とした。そんなことを言われるとは夢にも思っていなかったからだ。

それで、とうとう何も言えなくなってしまった。

夢はこのとき、この説得は完全に失敗に終わったと覚悟した。そのため、真実やマネージャーのみんなに対し、申し訳ない気持ちで一杯になった。

（やっぱり、人事などという大役は私には向いてなかったんだ……）

そう情けない気持ちになって、肩を落とした。

ところが、そこでまたもや予想外のことが起こる。目を見開いていた楓が、急ににやっと笑うとこう言ったのだ。

「面白い！」

「え？」

「日本一にするっていうなら、仕方ないわね」

「し、仕方ない……とは？」

「仕方ないから手伝ってあげる！」

「ええっ！」

そうしてこの日から、楓が野球部のグラウンド整備を指導することとなったのだ。

楓の指導は、野球部に少なくない影響をもたらした。これをきっかけに、新たなイノベーションが生まれたのだ。

楓の指導のもと、野球部は本格的なグラウンド整備に取りかかった。事前の取り決め通り、しばらくの間はそれに集中し、そのこと以外は何も行わなかった。

すると、そこで分かったのは、グラウンド整備——取り分けそれを日本一にしようという目標は、そう簡単には達成できないということだった。それは大変な作業だった。するべきことは無数にあり、いくらしてもし足りないほどだった。野球部の六人のマネージャーと楓だけでは、到底まかないきれるものではなかった。

そこで野球部は、最初は単に指導をお願いするだけだった楓を正式に部員として迎え入れた。彼女に、長期にわたってグラウンド整備の責任者となってもらうためだ。また、それ以外にも六人の生徒たちを、野球部の正式な部員として迎え入れた。そうして彼らにも、グラウンド整備に専属的に取りかかってもらうことにしたのだった。

後に夢は、これが大きなイノベーションだったということに気づかされる。なぜかといえば、これまでの高校野球には、選手以外の部員というものがほとんど存在しなかったからだ。

プロ野球の球団には、グラウンド整備はもちろん、用具係や事務員、運営や宣伝に携わる者など、選手以外の構成員がたくさんいる。その方がむしろ多いくらいだ。しかし高校の野球部においては、部員は野球をする選手、もしくは若干のマネージャーに限られていた。それ以外のことをする部員を所属させようという発想は、一〇〇年の歴史の中でもほとんどなかった。

しかし浅川学園においては、まだ選手が集まる前から、グラウンド整備専属の部員が正式に参加した。そのことが、マネージャーたちに新たな視点をもたらしたのである。

それは、「部員は必ずしも選手、あるいはマネージャーではなくともいい」ということだ。それ以外の仕事をする人間でも、組織の成果につながるのであれば、あるいは彼らがそこに居場所を見出すのなら、部員として所属させた方がいいということだった。

そうして浅川学園野球部のマネージャーたちは、図らずも「選手が主役ではない」という定義を再確認することともなった。またこれをきっかけに、部員やマネージャー以外の居場所が野球部にあってもいい——という新たな発想を得たのである。

15

楓をはじめとする七人のグラウンド整備専属部員——彼らは「七人の整備侍」と呼ばれた——が加入して、野球部のグラウンド整備事業はどうにか軌道に乗ってきた。

ただ、そこまでに二ヶ月ほどかかって、暦はすでに七月になっていた。そうして、季節は本格的な夏に突入しようとしていた。

そこでマネージャーたちは、ようやくグラウンド整備への集中を解き、次の課題に取りかかることにした。

それは「監督の選任」である。浅川学園の監督を誰に任せればいいのか——そのことについては、学校とも協議しなければならなかったが、まずはマネジメントチームとしての素案をまとめることにしたのだ。

すると、そこで最終的にまとまったのは、現野球部部長である北条文乃に、監督も兼任してもらいたい——というものだった。

その理由は、大きく三つあった。

第一は、「マネジメントに理解がある」ということ。

浅川学園野球部は、その定義を「マネジメントを学ぶための組織」としていた。そして、「高校野球にイノベーションを起こすこと」を、一つの大きな目標に掲げていた。

そのため、監督にもそれを理解してもらわないと上手くいかないと思ったのである。そこで、例えば旧態依然とした上意下達の組織論を信奉する監督が来たりしたら、水と油ですぐにアレルギーを起こしてしまう。だから、監督にはマネジメントに理解がある人——それもできればドラッカーに精通している人物が望ましかった。

その点、文乃は文句のつけようがなかった。なにしろ、ドラッカーの『マネジメント』を参考にマネージャーをしていた経験を持ち、しかもそれを『もしドラ』という書物にまとめ、ベストセラーにしたのだ。「マネジメントに理解がある」という意味では、彼女以上の適任はいないように思えた。

第二は、「野球部の基幹事業である『人材の確保』に貢献できる」ということ。

野球部の目下の課題の一つに、「選手の獲得」というのがあった。甲子園を目指すには、野球の上手い中学生たちに継続的に浅川学園に入学してもらう必要があった。

そこで、「ではどうすれば四半世紀も休部していた野球部に有望な選手たちが入ってくれるか?」ということを考えたとき、出てきたのは「素晴らしい環境」と「すぐれた指導者」が用意されている——ということだった。

文乃は、指導者としてすぐれているかどうかは未知数だった。なにしろ教師としてはまだ一年目で、しかも野球をプレーした経験がなかった。

しかし彼女は、マネージャーとして甲子園に出場した経験を持ち、そのマネジメント力は折り紙付きだった。しかも、『もしドラ』の作者としてある種の有名人でもあった。だから、それに魅力を感じて入ってくれる選手がいるのではないか——と、野球部のマネージャーたちは期待したのだ。

もちろん、野球経験のないことや女性であることを、ネガティブに受け取られるリスクもあった。しかしマネージャーたちは、「それならそれでかまわない」と考えていた。

前述したように、浅川学園野球部は、その定義を「マネジメントを学ぶための組織」としていた。そのため、入ってくる選手たちにも、あらかじめそれを知っておいてもらう必要があった。そうでないと、監督の選任と同様やはり無用のトラブルを招く恐れがあったのだ。

それを周知するきっかけとして、文乃が監督であることは最適だと思われた。文乃が監督をしていることは、部の内外に対して「この野球部がマネジメントを重視している」ということのこれ以上ないメッセージとなるはずだった。

そして第三は、「文乃に選手経験がない」ということ。

マネージャーたちは、本来はネガティブにとらえられるはずのその要素を、逆に魅力ととらえていた。

なぜなら、浅川学園は高校野球界にイノベーションを起こそうと考えていたからだ。その際、ドラッカーが「イノベーションのための七つの機会」と呼んだもののうち第四の機会である、「構造の変化」を利用しようと考えていた。

「構造の変化」とは、その業界における成り立ちや力関係が大きく変化することを指す。例えば、高校野球における「構造の変化」で有名なのは、一九七〇年代における「金属バットの登場」であった。

これによって、高校野球はピッチャー有利からバッター有利に構造が変化した。金属バットの恩恵で、バッターは少々芯を外してもヒットにできるようになったのだ。

これを利用してイノベーションを巻き起こしたのが、徳島の池田高校である。池田高校は、それまで高校野球の主流だった「バントや走塁を駆使して一点を取りに行く野球」から、「積極的に打って出て大量点をもぎ取る野球」へといち早く転換した。そうして、甲子園での優勝を成し遂げたのである。

これにならって浅川学園でも、「構造の変化」を利用したイノベーションを巻き起こし、甲子園出場の足がかりにしたいと考えた。

その「構造の変化」について、ドラッカーはこんなふうにいっていた。


構造変化は、その産業の外にいる者に例外的ともいうべき機会を与える。ところが、産業の内にいる者には同じ変化が脅威と映る。したがって、イノベーションを行う外部の者は、さしたるリスクを冒すことなく、急速に大きな勢力を得ることができる。（五四～五五頁）

どういうことかというと、例えば金属バットの登場は、それまで「バントや走塁を駆使して一点をもぎ取る野球」を得意としていたチームからすると「脅威」に映った。それは、自分たちのやり方を通用させなくするものだからだ。そのため、それへの抵抗から転換が大きく遅れてしまった。いわゆる「イノベーションのジレンマ」というやつだ。

しかし、池田高校にはそうした伝統がなかった。つまり「産業の外にいる者」だった。それで、いち早く転換を果たすことができたのだ。

それでいうと、文乃は野球界にとって「産業の外にいる者」だった。なにしろ、野球をプレーした経験が皆無なのだ。だからこそ「さしたるリスクを冒すことなく急速に大きな勢力を得ることができる」のではないか、つまり「イノベーションのジレンマ」とは無縁でいられるのではないか——とマネージャーたちは期待したのだ。

そこで、マネジメントチームのリーダーである公平、渉外担当である真実、そして人事担当である夢の三人は、文乃に面会を申し入れ、直接監督への就任要請を行った。

その要請は、職員室に隣接した応接室で行われた。そこでは真実が、三人を代表して「説得」に当たった。上の三つの理由を、文乃に対してプレゼンテーションしたのだ。

すると文乃は、メモを取りながらその言葉に注意深く耳を傾けた。そうして真実が話し終えると、取ったメモをしばらく見つめ、何ごとかを考えた。

それからやがて顔を上げると、三人に向かってこう言った。

「あの……申し訳ないけど、この要請はお断りします」

それで、三人は少なからず驚かされた。というのも、マネジメントに理解の深い文乃なら、この要請を引き受けてくれるだろうと考えていたからだ。もちろん、即答はしないまでも、前向きに考えてくれるだろうとは予想していた。

しかし、その予想は大きく外れた。なぜなら、文乃の返答はにべもないものだったからだ。文乃は、三人に対してこんなふうに言った。

「みんなの考えは、素晴らしいと思う。ちゃんと『アイデア』になっているし、『マネジメントを学ぶための組織』という定義や、イノベーションを起こす、あるいは甲子園に行く、という目標にも合致していると思う」

「だったら――」と真実が、珍しく咎めるような口調で言った。「どうしてダメなんですか？」

すると文乃は、「え、あ、はい……」と少し狼狽え、しばらく考えてからこう言った。

「その理由は、主に三つあります――」

そうして、それを説明し始めた。

まず第一の理由は、文乃自身、監督という仕事に前向きな気持ちになれない――ということだった。いや、それ以上に彼女には、顧問という立場に強いこだわりがあった。

文乃が教師になったのは、先述したように「人がなぜ成長するのか？」という謎の探求に興味があったからだ。教育の道を志すことで、その謎を解きたいと思っていた。

それと同時に、自身が高校三年生のときに成果を残せなかったマネジメントに、もう一度チャレンジしたいという思いもあった。そのため、選手たちに直に触れ合う「監督」よりも、「顧問」という一歩引いた立場の方がいいと考えていたのだ。

実際、文乃は野球の技術については、経験はもちろん知識も乏しかった。だから、監督に就任するとなったらその勉強に忙殺されることは目に見えていた。そうなると、肝心の「教育」についての研究や、マネジメントが疎かになることが危惧された。それゆえ、監督という立場は敬遠したい気持ちが強かったのだ。

続いて第二の理由は、「マネジメントとは居場所を作ること」という考え方と深いかかわりがあった。文乃はそれを、こんなふうに説明した。

「第二の理由は、私にはすでに『居場所』があるということです。だから、監督という『居場所』は、私の身に余ると思うの。マネジメントを上手く機能させたいのなら、この監督という『居場所』は、それをもっと強く必要としている人に担ってもらうのがいいと思う」

それから文乃は、三人のマネージャーたちにこう言った。

「私は、とても『居場所』に恵まれているの――」

文乃はもともと、子供の頃から勉強が好きだった。それが、友だちづき合いが苦手というのもあって、より一層強まるようになった。おかげで、中学のとき以来、成績がトップより下に下がったことがなかった。それで、まずは「優等生」としての居場所が確保された。

しかし高校生になったとき、いつまでも他者と親しい関係を築けないことに嫌気がさし、自分を変えたいと思った。そこで、一つ年上の野球部マネージャーで、みんなから慕われていた宮田夕紀《みやたゆうき》に憧れ、野球部の門を叩いた。夕紀を見習うことで、他者と親しい関係を築こうとしたのだ。

ところがそこで、思いもよらず『マネジメント』と出会い、甲子園に出場することとなった。その過程で、なんとか人とも話せるようになり、野球部の中でも居場所を築くことができるようになったのだ。

しかも、その体験をもとに『もしドラ』を書くと、今度はそれがベストセラーとなった。浅川学園に赴任したのも、この『もしドラ』がきっかけだった。本が出た後、とある高校の校長が文乃のもとを訪ねてきて、自身の学校への赴任を申し入れた。それが、浅川学園の現校長である重森哲彦《しげもりてつひこ》だった。

しかし文乃は、この申し入れを最初は断った。理由は、教師になるのなら野球部のある高校と決めていたので、浅川学園はその条件に合致しなかったからだ。

ところが重森校長は、浅川学園には実は休眠している野球部があり、もし文乃が赴任してくるのなら、その再開はやぶさかではないと言った。さらに、赴任してくれた暁には、顧問の立場を用意するとも約束してくれた。

そこまで言われると、文乃にはもはや断る理由がなくなった。そうして、浅川学園への赴任を決めたのだ。するとそこが、文乃の新たな居場所となった。

そんなふうに、文乃にはすでにいくつかの「居場所」が確保されていた。だから、そこに新たに「監督」が加わるのは、さすがに手に余ると思ったのである。そうして、監督という居場所には、それをもっと必要としている人――そしてそれに相応しい人が就くべきだと考えた。

それらを理由に、文乃は監督就任の要請を断った。

彼女のその説明は、とても説得力のあるものだった。それで、依頼に来た三人のマネージャーたちも、さすがに納得せざるを得なかった。

しかしおかげで、応接室にはしばらくの間、気まずい沈黙が流れた。みな、何を言えばいいのか分からなかった。

すると、その沈黙を破って夢が言った。

「――先生」

「ん?」

「断る理由の『第三』って何ですか?」

「え?　あ、はい……そうだ、それをまだ話してなかったね――」

夢はこのとき、(それはもはや聞くまでもない)と思っていた。なぜなら、先ほどの説明で十分に納得できたからだ。ただ、その場の沈黙が気まずかったので、取りなそうとして尋ねたに過ぎなかった。

ところがそこで、文乃はこんなふうに言った。

「それは、いい質問ね」

それで夢は、「えっ？」と虚を突かれたような顔となった。

しかし文乃は、かわまず続けた。

「断る理由の第三は、あなたたちの話を聞いているうちに、この野球部にぴったりの監督候補を思いついた――ということ。正直、私はこれまでその人のことを監督候補として考えたことはなかったけど、でも、言われてみるとなるほどぴったりだった」

「どうぴったりなんですか？」

そう尋ねた真実に、文乃は答えて言った。

「あなたたちが説明してくれた三つの要請理由に、その人もぴったり当てはまるの！」

それから、さっき取ったメモに目を落とすとこう言った。

「第一に、その人は『ドラッカーのマネジメントに深い理解』があるわ。だから、あなたたちとも相性がいいはず。第二に、その人も少なからず『有名人』なの。だから、野球の上手い中学生の獲得にも貢献してくれると思う。そして第三に、それでいながらその人は、『野球がとても下手』なの。だから、外部者としてイノベーションを起こすことも期待できるわ」

「それは……一体、誰ですか？」

そう尋ねた真実に、文乃は答えて言った。

「私たちが甲子園に出たときの程久保高校のキャプテン――二階正義《にかいまさよし》さんよ！」

16

その翌日、正義と連絡を取った文乃は、学校が終わった後、高幡不動駅近くのファミリーレストランで会う約束をした。

そこで文乃は、正義に監督への就任を要請するつもりだった。高校野球の監督は、必ずしも学校の先生でなくとも認められていた。

正義と会うまで、文乃はどうやって彼を説得しようかと考えた。「説得」というのは、文字通り「得を説く」ことで、それは先日質問に来た真実に、文乃自身が教えたことでもあった。

だから彼女は、ここでも初めは「どうやって正義の得を説こうか」と考えていた。どうすれば監督に就任することが正義にとって得になるのか、その理路を構築しようとした。

しかしそれは、なかなか思い浮かばなかった。何を言っても取ってつけたようになってしまい、なかなか説得力を持たなかった。

そのとき文乃は、ふとあることを思い出した。それは、大学時代に文学の授業で習った、とある「説得の方法」についてだ。

それは、一九世紀にマーク・トウェインが書いたアメリカの小説『トム・ソーヤーの冒険』に出てきた。その中に「ペンキ塗り」というエピソードがあるのだが、そこで主人公のトムが行った「説得術」が、実に秀逸なのだ。

ある日、悪戯をしたトムは罰としておばさんからペンキ塗りを命じられる。ところが彼は、そこで一計を案じて、友人たちの前でこのペンキ塗りを「楽しそう」にやって見せる。すると、それを見た友人たちは、トムに「自分も手伝わせてくれ」とお願いする。あまりにも楽しそうなので、やってみたくなったのだ。

しかしトムは、そこで「罰を命じたポリーおばさんに怒られるから」という理由で、友人たちがそれを手伝うのを「禁止」するのだ。おかげで、友人たちはますますペンキを塗りたくなり、結局、自分たちの宝物と引き替えに、それをさせてもらうまでになる。

そうしてトムは、ペンキを塗らなくてもよくなった上に、多額の報酬を得ることにも成功したのだ。

ここでの「説得」のポイントは二つ——それは、トムがペンキ塗りを「楽しそうにしてみせた」ことと、それを「禁止した」ことにあった。

人は、誰かからそれを勧められたり説得されたりしても、なかなかしたいとは思わない。しかし、誰かがそれを楽しそうにしているのを見たり、あるいはそれを禁止されたりすると、どうしてもしたくなってしまう。

この法則は、「トム・ソーヤーのペンキ塗り」といって、誰かを説得する上での「魔法のテクニック」ともいわれていた。

それを聞いて以来、文乃はいつか自分でもこの方法を試してみたいと思っていた。それをこのとき、思い出したのだ。そうして急遽、正義に試してみようと考えた。

文乃は、待ち合わせ場所のファミリーレストランに時間より先に来て待っていた。すると、やがて二階正義が現れた。

「やあ、お待たせ」

そう言った正義の表情は、高校の頃とほとんど変わらず、繊細さと柔和さを兼ね備えた穏やかなものだった。ただその出で立ちは、Tシャツにデニムというラフなもので、髪もぼさぼさだった。無精ひげもうっすらと生えており、以前の清潔で几帳面な印象とはいささか異なっていた。

そうして何より、その体格が以前とは違って筋肉質になっていた。真っ黒に日焼けして、体を鍛えていることが一目で分かった。

「お久しぶりです」

「連絡ありがとう」

正義は、文乃より一つ年上だったが、このときはまだ大学生だった。高校を卒業した後、一浪して地元の大学に進んだのだが、そこでも二度留年をしたので、今は三年生とのことだった。

しかも、最近では大学にも満足に通っていないのだという。正義は、そんな自分をこう説明した。

「まあ、高等遊民みたいなもんだよ」

「そうなんですか？」

「あ、いや……実際は、そんな上等なものじゃないけどね。でも、正直これからどうすればいいのか、いろいろと悩んではいるんだ。高校のときと変わらず、何か事業を始めたいという気持ちは強いんだけど、ほら、最近は学生起業家とか流行ってるじゃない？　それで逆に、なんか冷めちゃったところもあって」

「……分かります」

「今起業すると、なんか、その流れに乗ったとか思われそうでイヤなんだ。ま、そんな細かいこと気にするのはいけないのかもしれないけど。で、最近はなぜか運動に目覚めて、いろいろと体を鍛えている。『トレイルランニング』っていって、山を走ったりしているんだ」

「それで逞しくなったんですね。ほんと、見違えました」

「いや、大したことはないよ。それより、文乃の方がすごいじゃないか」

「え？」

「だって、本がベストセラーになったのも驚いたけど、高校の先生になって、野球部の部長にもなったんだろ？」

「え、あ、はい……。私、ずっと教師をしてみたい——って思ってましたから」

「そうなんだ。おれはてっきり作家になるのかと思ってたけど」

「文章は、これからも書いていけたらと思っています」

「なるほど、そうだよな。作家は、教師をしていても続けられるもんね。あ、そういえば知ってる？　みなみのやつ、アメリカ行ったって」

「聞きました。ドラッカースクールに留学したって」

川島みなみは、文乃の先輩であり、また正義と同じ学年でもあった。程久保高校野球部のマネージャーで、部のマネジメントにドラッカーを持ち込んだ張本人だ。

高校を卒業したみなみは、マネジメントの勉強を本格的にしようと、大学の経営学部に進んだ。そこを卒業すると、今度はもっと詳しくドラッカーについて学びたいと、アメリカ・カリフォルニア州・クレアモントにあるドラッカースクール（正式名称『The Peter F. Drucker and Masatoshi Ito Graduate School of Management』）に留学して、経営学修士を取得するために勉強していた。

「みなみ、その学校で勉強しながら、隣接している『ドラッカー・インスティテュート』という組織でアルバイトもしているらしいよ。なんでも、ドラッカーを学ぶための中高生向けのプログラムがあるらしいんだけど、それを日本に紹介する仕事をしてるって」

「へえ。みなみさん、すっかりドラッカー漬けになってるんですね」

「すごいよね――」と正義は感心した顔で頷いた。「程高の女性マネージャーは、みんなすごいよ。みなみもそうだけど、きみもさ。ほんと、尊敬するよ」

「え、あ、はい――ありがとうございます……」

それから正義は、思い出したといったふうにこう尋ねてきた。

「そういえば、相談って何？　おれが文乃を助けられそうなことって、特にないと思うけど？」

「え、あ、はい……あの、これはまだ誰にも言わないでほしいのですが」

「うん」

「実は私、野球部の部長だけではなく、今度監督も要請されまして――」

「えっ！」

そこで文乃は、監督の要請を受けたことを正義に伝えた。ただし、それをマネージャーからされたと説明するのではなく、学校からされたとも受け取れるよう、少しぼやかして話した。

その上で、最後にこんなふうにつけ加えた。

「――それで、すごく困ってるんです」

「え？　どうして？　だって、すごいことじゃん」

「いや、私には荷が重すぎて」

「ふむ……」

「私、まだ教師としても一年目で、そっちでも手一杯なのに、いきなり野球部の監督も兼任なんて」

「確かに――」と正義が頷いた。「大変ではあるよね」

「そうなんです。第一、私には野球をプレーした経験が全くありません。だから、最初はこうお返事したんです。『一人ではとても無理なので、誰か野球経験のある方に手伝ってもらってもいいですか？』って」

「……ほう」

それを聞いた瞬間、正義の目の色が少し変わった。しかし文乃は、それには気づかない振りをして、さらにこう続けた。

「そうしたら、そこで『ダメだ』と言われてしまって……」

「えっ！　……どうして？」

「というのも、彼らが私に監督を要請したのは、私にマネジメントへの理解があるからだ——って言うんです。だから、野球経験の有無は問わなかったって。そこで下手に野球経験のある人に手伝ってもらったりしたら、むしろ衝突して上手くいかないんじゃないかって」

「ええっ？　あ、いや、でも、なるほど、そうか……」

「だから結局、私一人でやることになりそうで……」

「それは——」と正義は、文乃を食い入るように見つめながらこう言った。「確かに、大変そうだ」

「だから、そのことを正義さんに相談したいと思って」

「ふむ、なるほど……」

と正義は、今度は腕を組むと、難しい顔をして考え始めた。

そのため文乃は、ここがチャンスと思い、こう言った。

「でも私……」

「えっ？」

「実は、すっごく楽しみでもあるんです！」

それから文乃は、今後の野球部のマネジメントについて、できるだけ楽しそうに語った。文乃がそこで語ったことは、実際に文乃自身が以前から計画していたことでもあったので、さしたる努力をすることもなく「楽しそう」に語ることができた。

そうして文乃は、長い時間をかけてそれを語った。その間、正義はずっと真剣な表情で聞き続けていた。

そうしてその日、二人はそのまま別れたのだ。

正義から連絡があったのは、次の日の朝だった。それで文乃は、（思ったよりも早かったな）と思いながら、正義から届いたそのメールを開いた。

するとそこには、多少控えめではあったが、「どんな形でもかまわないので、自分にも野球部の指導を手伝わせてほしい」と書かれていた。

第五章　夢は小さくスタートした

17

それからいくつかの紆余曲折を経て、二階正義は正式に野球部の監督に就任することとなった。

その正義に対して、文乃は野球部部長という立場から、あらためて自分のマネジメントの計画について話した。

それは、この野球部で「野球の型を作りたい」ということだった。そして、その型をもとに指導をしたいということだ。

文乃が大学生のとき、体育の授業で剣道を習った。そのとき、指導教官がこんなことを教えてくれた。

「剣道において『型』というのは、言葉を超えたスピード指導法なんです」

それで、「人はなぜ成長するのか?」ということが大きな謎だった文乃は、その指導教官の言葉に興味を覚えた。そこで授業が終わると、あらためてその意味するところを尋ねに行った。

すると彼女は、こんなことを教えてくれた。

「型というのは、初めはそれをすることの意味が分からないの。なぜ構えはこの位置で、なぜこの位置まで竹刀を振り上げ、なぜこの位置まで振り下ろすのか、誰も教えてくれない。でも、それを反復しているうちに、やがてふと、その意味が腑に落ちる瞬間があるの」

その意味とは、例えば「それが最も効率的な体の使い方だ」ということだったり、「そうすることでスピードが増す」ということだったりする。

それを知ったときのことを、彼女はこう説明した。

「それを『型』という形で教わったからこそ、私はその意味を素早く理解することができた。型というのは、偉大な実例のようなものなのよ。『百聞は一見に如かず』で、型を覚えてからその意味を知る方が、理解がずっと早いの。もしこれが最初に説明を受けていたら、かえって理解が遠のいたと思うわ」

それで「型」について興味を覚えた文乃は、さらに調べてみた。すると、また別の人からこんな話を聞いた。

それは、「型」には一般に思われているのとは逆の効果がある——ということだ。どういうことかというと、例えば生徒に教えるとき、まず型を身につけさせる。文字通り「型にはめる」。すると、一見自由がなくなり、生徒の可能性を狭めるようにも思えるのだが、実際は逆なのだそうである。

生徒は、型を反復するうちにやがてその中で自由に動けるようになるのだそうだ。そうして結果的に、以前よりもずっと可動域が広がるという。つまり、自由を「失う」のではなく、逆に「獲得」するのだ。

それを聞いた文乃は、ドラッカーのある言葉を思い出した。それは「自由」についての言葉であった。自由についてドラッカーは、こんなふうにいっていた。

「自由とは、責任ある選択をすること」

ドラッカーがいうには、自由とは何でもかんでもしていいということではけっしてない。そこで何かを選択するときには、必ず責任が伴う。

つまり、選択の自由は「責任という型」の中にある——というのだ。そして、その型の中で選択するからこそ、逆に自由だというのである。

そのため文乃は、ますます型というものに興味を覚え、いろんな本を読み漁った。

すると、教育学者の齋藤孝が書いた『天才がどんどん生まれてくる組織』という本の中に、こんな記述を見つけた。

それは「猿飛佐助」に関することだ。

猿飛佐助とは、白土三平のマンガ『サスケ』に出てくる忍者のことだ。

ところがこの猿飛佐助、実は個人名のことではないという。それは「術」の名前なのだ。あるいは「型」の名前といってもよい。

その型を習得した者が名乗るのが、「猿飛佐助」という名称だった。それゆえ、『サスケ』の中には猿飛佐助が何人も出てくる。たとえ敵に殺されても、また現れるのだ。その意味で、猿飛佐助は「不死身」だった。

齋藤孝は、この猿飛佐助という「概念」に強い興味を覚えた。というのは、これを使えば優秀な人材、つまり天才をどんどん誕生させられるのではないか、そういう組織を作れるのではないか――と考えたからだ。

その現実の例として、齋藤孝は本書の中で、桐朋学園で音楽を教えていた齋藤秀雄を紹介していた。

齋藤秀雄は、音楽――中でも指揮の指導に型を取り入れた。それは、世界にも類を見ない指導法だった。

齋藤秀雄は、音楽後進国である日本が世界に追いつくためには、何かスピードを持った指導法が必要だと考えた。そうして、やがて型の教育に辿り着く。彼は、指揮というものの本質を徹底的に解明し、それを一つの型に落とし込んだ。その型をもとに、生徒たちに指揮を教えたのである。

すると、そこからは小澤征爾をはじめとする世界的な音楽家が幾人も生まれた。齋藤秀雄の門下生は、文字通り「天才がどんどん生まれてくる組織」となったのだ。

文乃は、この指導法に強烈なインスパイアを受けた。そして、型による教育を浅川学園野球部にも持ち込めないかと考えるようになったのである。

そこで文乃は、あらためて野球の指導法について勉強してみた。特に、野球の型を探してみた。

するとそこには、いくつかの型らしきものはあったものの、それらは必ずしも定着しているわけではなかった。指導者によってもばらばらだったし、また時代によっても大きく異なっていた。

そこで文乃は、今度は「野球における型の確立」を一つの目標とするようになった。ただしそれは、野球経験者からは強い抵抗を受ける恐れがあった。なぜなら、プロ野球の名選手の自伝を読むと、「型にはまらないことが大切」という言葉がよく見受けられたからだ。

あるいは野球界では、今では「個々人の個性に合わせた指導をする」という考え方が一般的だった。

それでも文乃は、それは「型の精度が低かったため、上手く機能しなかっただけだろう」と考えた。それゆえ、型にはめることが「個性を殺す」と誤解されてしまったのだ。

しかし、型の精度がすぐれていれば、子供たちの個性を殺すことはなく、逆に生かすはずだと文乃は考えていた。実際、『天才がどんどん生まれてくる組織』には、齋藤秀雄をはじめ、将棋の奨励会や宝塚歌劇団など、型にはめることで多くの子供たちを成長させた実例がいくつも紹介されていた。

だから文乃は、野球の型を作り、これを指導に用いることに関しては、もう迷いがなくなっていた。問題は、その型を「どう作るか?」ということだ。

というのも、文乃にはそもそも野球をプレーした経験がなかった。だから、技術についての理解が浅かったし、知識も乏しかった。

そんな自分が型を作るのに向いていないことは明らかだった。型は、技術を知り尽くした経験者にしか作れない。実際、齋藤秀雄も経験豊富な音楽家だった。その技術に習熟していたからこそ、初めて型を作れたのだ。

そのため文乃は、もし野球の型を作るのなら、それは経験豊富な選手をパートナーとする必要があると考えていた。そうしてこのとき、彼女はその人材として、二階正義に白羽の矢を立てたのだ。

文乃が正義を選んだのは、野球が下手だったからだ。正義は、程高の中では一番下手な選手で、三年間ずっと補欠だった。しかし、練習には誰よりも真剣に取り組む真面目な部員でもあった。

文乃は、型を作るのにはそうした人材が適しているだろうと考えていた。というのも、技術というのは下手な人ほどその習得に貪欲になる。そうして、上手い人より長い時間そのことについて考えるため、自然と知識も豊富になるからだ。

実際、齋藤秀雄も演奏が下手だったという。そのため、上手くなるにはどうすればいいか、人より問題意識が強かった。それが、すぐれた型を作り上げることにつながったのだ。

正義も、その意味では齋藤秀雄と同じだった。野球が下手で、だから人一倍技術について勉強してきた。そして、上手くなるにはどうすればいいかという問題意識が、程高野球部の中では誰よりも強かったのだ。

その通り、文乃からこの話を聞いた正義は、すぐにそれに関心を示した。そうして、自分に型が作れるかという不安はあったものの、取り組むことに関してはすぐに前向きに同意したのだった。

そうしてこの日から、文乃と正義は「野球の型を作る」という新しい事業に着手した。そこには、浅川学園野球部マネージャーで野球戦略担当の木内智明も加わった。

18

このように、野球部のマネジメントチームは、最初に立てた三つの課題のうち、「監督」と「グラウンド整備」について、ある程度目処をつけることができた。そこで今度は、最後に残った「選手獲得」について、本格的に取り組むこととなった。

しかし、これにはいくつかの難題が立ちはだかった。まず、前述のように野球の上手い中学生を勧誘するには、高野連の厳しい規制があった。直に接触して説得することは原則として禁止されていた。

だから、野球部のマネージャーたちはそれ以外の方法で、野球の上手い中学生たちに「浅川学園に入りたい」と思ってもらう必要があった。

その戦略をどうするか――六人のマネージャーたちは連日ミーティングを重ねた。その中で、企画担当の洋子からこんな提案が持ち上がった。

「せっかくきれいになったんだから、あのグラウンドを活かすことはできないかしら」

その頃の天空グラウンドは、整備も一段落し、野球場としての体裁はすっかり整えられていた。今は楓の指導のもと、グラウンドの周囲に花を植え、最初に企画された「ボールパーク」を作るという構想が実行に移されていた。

「確かに――」と真実が言った。「あそこはモノレールからもよく見えるから、絶好の宣伝場所よね。これを使わない手はないと思うわ」

そこでマネージャーたちは、「どうすれば野球の上手い中学生が天空グラウンドに魅力を感じてくれるか?」ということについて話し合った。

もちろん、花を植えるのはその一環であったが、それ以外にも何か効果的な方法はないだろうか。もっと「あのグラウンドで野球をしてみたい」と思わせる方法はないだろうか。

するとそこで、人事担当の夢がこんなことを言い出した。

「あの……それとはちょっと関係ないかもしれないんですけど、ちょうど話が出たんで――」

「ん？　なに?」と尋ねた司会の真実に対し、夢はこう言った。

「実は、グラウンド整備班からある要望が上がってきていて」

「どんな?」

「それは、あそこで野球をしてほしい――ということです」

「野球をする?」

「うん。せっかくグラウンドを整備したのに、まだ誰もあそこで野球をしていないでしょ? それで、整備班の人たちがもの足りなく感じているらしくて。実際に野球をしてもらえれば、自分たちが役に立ったと実感できるし、そこでいろいろと学ぶこともできる。彼らの居場所のためにも、あそこでプレーすることはできないかしら」

するとそれを聞いた公平がこう言った。

「そうは言っても、うちにはまだ選手が一人もいないからね。野球をするとなったら、一般の生徒に頼んで草野球をしてもらう——くらいしかないかなあ。でも、それじゃせっかくのグラウンドがもったいないしなあ……」

「そうですよ——」と五月が言った。「そんなことをしたら、かえってイメージダウンじゃないですか? だって、野球の下手な人たちがあのグラウンドを使っていたら、それを見た中学生たちは、逆に『あの高校には行かないようにしよう』ってなると思います」

すると、そのときだった。真実がいきなり机をバンと叩いた。それで、みんなが驚いて真実を見た。

すると真実は、五月を指さしながらこう言った。

「それだ!」

「それ？」

そう尋ねた五月に、真実が言った。

「野球の下手な人たちがプレーしていたら、『あの高校には行かないようにしよう』と思うんでしょ？　だったら逆に、野球の上手い人たちがプレーしていたら、『あの高校に行こう！』って思うんじゃないかしら。うちに興味を持ってくれるんじゃないかな」

「確かに――」と公平が言った。「野球の上手い人たちにあそこでプレーしてもらうことほど、効果的な宣伝はないかもな」

「でも……」と夢が言った。「誰にプレーしてもらうの？　私が調べたところ、うちの高校には野球の上手い人はほとんどいないよ」

この頃までに、夢は浅川学園の生徒全員のプロフィールを調べるという作業を進めていた。その中で、まずは野球の上手い人がいるかどうかを調べていたのだが、昨年まで野球部のなかったこの高校に、それに該当する人材は一人も見当たらなかった。

すると真実は、その夢に対して目を輝かせながらこう言った。

「うちにいなければ、よそから連れてくればいいのよ」

「よそ？」

「そう！　例えば、野球の強い高校同士にあのグラウンドで練習試合をしてもらうとか」

「あ、なるほど！」と公平が言った。「練習試合なら、他校があのグラウンドを使ってもおかしくないな」

「だけど――」と、今度は五月が言った。「うちと試合するわけじゃないし、使ってくれるかしら？　特にうちは、昔ならいざ知らず、今は野球の強い高校とは縁もゆかりもないしね。一体どうやって頼むの？」

するとす真実は、その五月に対し、にやりと笑ってこう言った。

「いや、うちに縁もゆかりもある野球の強い高校が、一つだけあるじゃない」

「どこ？」

「程久保高校よ！」


それで、監督の正義と部長の文乃が、程久保高校の監督である加地誠にお願いして、練習試合の場所として天空グラウンドを使ってもらうこととなった。程高が甲子園に出たときのキャプテンである正義とマネージャーであった文乃の頼みとあっては、加地も断るわけにはいかなかった。

程久保高校は、正義らの代以来、甲子園には一度も出場していなかった。ただ、それでも都内の強豪校のポジションはずっと保っていて、そのため、対戦相手にも強豪校を連れてきてくれた。なんと、昨年度の西東京の優勝校で、甲子園でも二度優勝したことのある、名門の私立滝宮《たきのみや》高校を連れてきてくれたのだ。

そうして、天空グラウンドで初めて——いや、実に四半世紀ぶりに野球の試合が行われることとなった。

この試合の開催に先駆けて、野球部ではこれを選手獲得の足がかりにしようと、部をあげて準備を整えた。そこにおいて、マネージャー陣は三つの戦略を立てた。

第一は、グラウンドを使ってもらう高校を最大限もてなす——ということ。

マネージャーたちは、練習試合をこれ一試合では終わらせたくないと考えていた。できれば定期的に使ってもらって、より多くの中学生にグラウンドを見てもらいたかった。

そのためには、使ってもらう高校に「またここで試合をしたい」と思ってもらう必要があった。それで、彼らのもてなしに最善を尽くしたのだ。

第二は、観戦環境の充実を図る——ということ。

天空グラウンドを使ってもらう目的は、これを契機に野球の上手い中学生を勧誘することにあった。そのため、試合をより多くの人に観戦してもらう必要があった。多くの人が観戦すればするほど、野球の上手い中学生が浅川学園に興味を持つ可能性も増えるからだ。

そこで野球部では、グラウンドだけではなくその周囲の環境も、観客が見やすくなるよう配慮した。そうして、彼らにより良いイメージを持ってもらおうとしたのだ。

第三は、楽しさを伝える――ということ。

前述したように、天空グラウンドを他校に使ってもらうのは、これを契機に野球の上手い中学生を獲得するためだ。彼らに「自分もここで野球をしたい」と感じて、浅川学園に入学してもらうためである。

そして、そのためにはそこでプレーする選手たちが「楽しむ」必要があった。なぜなら、人は他人の楽しんでいる姿を見ると、自分もそれをしてみたくなるからだ。これは、文乃が「トム・ソーヤーのペンキ塗り」から学んだ説得方法の一つだった。

そこで野球部のマネージャーたちは、まず「どうすれば試合する選手たちが楽しんでくれるか」ということを考えた。しかし、さすがに他校の選手たちに「もっと楽しそうに」とお願いするわけにもいかなかったので、今度は整備班に楽しそうにしてもらうことを考えた。

というのも、整備班はマネージャーたちとは違って、試合の合間にグラウンドに登場する機会があったからだ。そこで見物客たちの目に触れるチャンスがあった。

そのチャンスを、野球戦略担当の智明は「こんなふうに活かしてみてはどうでしょうか――」と提案した。「アメリカの野球場では、試合中の整備のときに、音楽を流してダンスを踊ります」

それを受け、浅川学園でも整備中に音楽を流しながら、ダンスとはいかないまでも組み体操のように隊列を整え、見ていて楽しい整備にするよう工夫がなされた。

これら三つの戦略に基づいて、浅川学園野球部は準備を進めた。それはまた、「小さくスタートする」ということでもあった。

「小さくスタートする」というのは、ドラッカーが『イノベーションと企業家精神』の中でくり返し述べていることだった。


　大がかりな構想、産業に革命を起こそうとする計画はうまくいかない。限定された市場を対象とする小さな事業としてスタートしなければならない。さもなければ、調整や変更のための時間的な余裕がなくなる。イノベーションが最初の段階からほぼ正しいという程度以上のものであることは稀である。変更がきくのは、規模が小さく人材や資金が少ないときだけである。（一一三〜一一四頁）

野球部にとって、グラウンドについてさまざまな事業を執り行うことは「小さなスタート」に他ならなかった。それは「限定された市場を対象とする小さな事業」だった。

なぜかといえば、たとえここで失敗しても、調整や変更がきいたからだ。むしろそこでの失敗は、イノベーションを行うための有益な情報ともなるので、かえって歓迎したいくらいだった。

しかし、この練習試合は結果的に大成功となった。細かなミスや予想外のことこそいくつかあったものの、想像以上の成果を挙げることができたのだ。

まず、そこで対戦した二校が天空グラウンドを気に入ってくれ、以降も機会があれば使いたいと申し出てくれた。

また、事前の働きかけが功を奏し、この日は浅川学園の生徒や関係者、対戦した両校の関係者や近隣の住人など、数多くの観客が詰めかけた。そのため、大きな宣伝効果を得ることができたのだ。

そして何より、そこで野球部のマネージャーたちや整備班は、さまざまなことを経験することができた。そのことに、全員が強い充実感を覚えた。

まずマネージャーたちは、自らの取り組みに対するフィードバックを得ることができた。また整備班も、自分たちの整備したグラウンドを使ってもらったことで、大きなやりがいを感じることができた。特に、両校の監督からグラウンドを褒められたときは、この上ない喜びを感じた。そのため、特別な策を講じなくても「楽しむこと」ができたのである。

さらにこのとき、野球部の部員たちはまだ気づいていない、もう一つの成果があった。それは、この試合を一人の中学生が見学していたことだ。その中学生が、後に野球部に入部して、大きなイノベーションを巻き起こすことになるのである。

19

その大きなイノベーションを巻き起こすこととなる人物——一条隼人《いちじょうはやと》は、このとき中学三年生だった。

その日、彼は所属している中学野球部の練習をサボって天空グラウンドまで来ていた。いや、正確にいえば「サボった」のではない。彼はこの日、お腹が痛かった。だから、練習は「休んでいた」だけだ。

ただし、彼のお腹は練習に出たくないときだけ都合良く痛くなってくれた。だから、天空グラウンドに来る頃まではすっかり痛みも治まっていた。

最初、隼人は真っ直ぐ家に帰るつもりだった。そのため、通学に使っているモノレールに一人で乗っていた。

すると、その車窓からいつものように天空グラウンドが見えたのだが、そこで彼は目を見張った。そこに見慣れぬ光景が広がっていたからだ。天空グラウンドで野球の試合が行われていたのである。

天空グラウンドは、隼人にとって馴染みの場所だった。というのも、毎日のように車窓から眺めていたからだ。

そのグラウンドは、初めは草っ原だった。いや、草っ原というよりは荒れ地に近かった。そのため、一種異様な雰囲気を醸していて、とても目立った。その光景に魅入られ、隼人はモノレールに乗るたび、よく天空グラウンドを眺めていた。

ところが最近、その天空グラウンドが急に整備され始めた。まずグラウンドの雑草がむしられ、石ころが取り除かれた。次いで新しい土が運び込まれ、きれいにならされていった。ところどころ破れかけていたフェンスは繕われ、朽ちかけていたベンチもきれいに補修された。さらには、モノレールに面した斜面に立派な花壇が造られるまでになった。

隼人は、そうした変化にも興味を覚えた。おかげで今では、モノレールに乗るたび、整備の進行具合をチェックするのが日課となっていた。

そしてこの日、そこで野球の試合がくり広げられていた。それも、ちらっと見た限りではかなり本格的に行われていた。一瞬だけ見えたピッチャーの投球が、それなりのスピードだと遠目からでも確認できたのだ。

そこで隼人は、いても立ってもいられなくなり、次の駅で急遽降りた。そうして、天空グラウンドへと足を向けたのである。この頃には、腹痛で練習を休んだことなどすっかり忘れていた。

グラウンドに到着すると、隼人は再び驚かされた。なんと、そこで試合をしていたのは数年前に甲子園に出場したことのある都立の強豪——程久保高校だったからだ。しかも対戦相手は、昨年度の甲子園出場校である滝宮高校だった。その強豪同士が、本格的な練習試合をくり広げていたのだ。

それで隼人は、グラウンドの周囲に設えられていた仮設のベンチに腰かけ、その試合を観戦した。すると、そこで印象深い出来事があった。五回が終わったところで、突如音楽が鳴り響いた。それから、グラウンドを整備するためにジャージを着た何人かの生徒たちが現れたのだが、彼らの動きが組み体操のように統制が取れていて、とてもユニークだったのである。しかも、それをしている彼らの表情は、全員がニコニコとしてとても楽しそうだった。

そのことが、隼人の胸をざわつかせた。というのも、この頃の隼人は、かつてはあれほど好きだった野球をあまり面白いとは感じられなくなっていたからだ。

（自分はいつしか、野球の楽しさというものをすっかり忘れてしまっていた……）

そのことに、整備する生徒たちの笑顔を見て、ふと気づかされたのだ。

それで隼人は、その生徒たちのことが気にかかるようになった。そのため、試合が終わってもしばらくそこにとどまり、試合後の整備までじっと見守った。

彼らが浅川学園の野球部員だと知ったのは、三度目にこのグラウンドを訪れたときだった。あれ以来、隼人はモノレールに乗ると必ず天空グラウンドをチェックして、そこで試合が行われていれば降りて観戦に来ていた。その中で、ここが浅川学園のグラウンドであることや、その野球部が四半世紀ぶりに復活したこと、さらには来年度の野球部員を募集していることなどを知ったのである。

ちょうどこの頃、新聞の地方欄に浅川学園野球部についての記事が掲載された。それは、この野球部の監督と部長が、かつて程久保高校が甲子園に出場したときのキャプテンとマネージャーのコンビである――という内容だった。その二人が、今度はところと役割とを変え、再び甲子園を目指す――とその記事は結ばれていた。

そうしたことが重なって、隼人の中では次第に浅川学園に対する興味がふくらんでいった。

この頃、隼人は自分の進路について少なからず悩んでいた。というのも、これ以上野球を続けるかどうか決めかねていたのである。

彼にとって、甲子園はもちろん夢だった。憧れの場所だった。そして、野球も好きだった。

しかし、今の中学が合わなかった。そこでの野球は、はっきりいって苦痛だった。まず練習が楽しくなかった。特に、体力を鍛えるための練習が、隼人はイヤで仕方なかった。

隼人は、運動神経にすぐれていた。そのため、今のチームでもすぐにセカンドのレギュラーをつかみ、それなりの活躍をしてきた。だから、プレーすること自体は好きだった。しかしながら、体が小さく、筋力に劣るところがあった。特に持久力に欠けていた。そのため、持久力を鍛える練習――例えば長距離走などは、一番苦手とするところだったのである。

それで、長距離走のときにはよく練習をサボるようになった。いや、そのときは決まってお腹が痛くなったので、よく「休む」ようになった。

ただ、長距離走を休んだからといってレギュラーを落とされたりはしなかった。隼人は、打撃もチームで屈指の成績を誇っていた。だから、練習を休むくらいでは誰も咎め立てしなかったのである。

しかしそれが、かえって隼人の気持ちを後ろ向きにさせた。してもしなくても変わりないのなら、なぜ長距離走などさせるのか――それが不条理に思えて仕方なかった。

（長距離走があるおかげで、自分はお腹が痛くなり、練習を休む羽目になる）

お腹が痛んだり練習を休んだりすることは、隼人にとってもイヤだった。本当は、好きな野球を思う存分楽しみたかった。しかし、体力強化の練習が、それを邪魔立てしていたのだ。

そのためこの頃には、体力強化練習があることを逆恨みするようにもなっていた。そうして、高校でもこれが続くようなら、いっそ野球をやめてしまおうかと思い詰めていたのである。

ところがそこで、浅川学園のことを知った。この高校の野球部は、長い休部から復興したばかりで未知数のところも多かったが、しかし隼人は、何よりあの天空グラウンドの楽しげな雰囲気が気に入った。

（あそこなら、もっと楽しく野球ができるかもしれない）

そう考えた。

そのため、やがて思い立って浅川学園野球部に、入部についての問い合わせをしてみた。

この時点で、隼人はまだ軽い気持ちだった。自分以外には申し込む人間がいるとも思えなかったから、ちゃんと野球ができるだけの人数が集まるのかどうか、確認しようとしたのだ。

ところがそこで、またもや驚かされることとなる。なんと、浅川学園の野球部は入部希望者が定員を超えたため、今度入部テストが行われるというのだ。

それで、隼人は焦った。それまでの余裕が吹き飛んで、急に入部したい気持ちがふくれ上がった。

これまでは、「入ってもいいかな」くらいに考えていたのが、入部希望者が多いと分かったとたん、「入らなければ後悔する」という強い思いに変化した。

そうして隼人は、その試験を受けた。そこで彼は、どういう基準で査定が行われるか分からなかったから、本番前には珍しく、嫌いな体力強化にも取り組んだくらいだった。

ところが、そのテスト本番で、隼人はまたしても驚かされる。それは、その内容が奇妙だったからだ。そこでは、入部希望者に「モノマネ」をさせたのだ。

テストにはいくつかの項目があったが、そのうちの二つが「モノマネ」だった。

一つは、自分の得意な野球選手のモノマネをする――というもの。もう一つは、学校が指定した選手のモノマネをする――というものだった。そこで受験生たちは、学校が指定した選手のVTRを見て、即興でモノマネをしなければならなかった。この二つが、ともに受験生に課せられたのだ。

それで隼人は、ぐっと気が楽になった。というのも、モノマネだったら何より得意だったからだ。

隼人は、そもそも運動神経にすぐれていた。中でも体を自在に動かすことに長けていて、子供の頃からモノマネが得意だった。プロ野球選手のモノマネはもちろん、チームメイトのモノマネも得意で、それを駆使してみんなを笑わせることもしばしばだった。

それでこのときも、自分が一番得意なイチロー選手のモノマネと、そして浅川学園が指定した選手のモノマネを、無難にこなしてみせたのだった。

すると隼人は、無事試験に合格した。この頃には、浅川学園に進みたい気持ちが何より強くなっていたから、合格通知が届いたときには心の底から喜んだ。

そうして野球部には、再興してから丸一年後の四月、一条隼人を含めた一二人の選手たちが入部してきたのだった。

20

そこから遡ること三ヶ月前の一二月末、天空グラウンドでは三年生の卒業セレモニーが行われていた。

野球部の三年生は、マネジメントリーダーの富樫公平と、七人の整備侍のうちの二人、志村と加東だった。

そのイベントは天空グラウンドで行われた。その挨拶で、公平はこんなことを述べた。

「ぼく自身は、いいリーダーだったかどうか分かりません。結局、選手は一人も入部することなく、試合もしないままで終わりました。でも、いろんな成果がありました。その意味では、充実した一年だったと思います」

その言葉通り、野球部はここまで着実に成果を挙げていた。

まず、『イノベーションと企業家精神』を教科書にすることを決めた。するとマネージャーだけで六人も集まり、それが「予期せぬ成功」だと分かった。それを分析すると、今度は野球部の定義を「マネジメントを学ぶための組織」と定めた。

そこから、小さくはあるもののいくつかのイノベーションを積み重ねてきた。

日本一のグラウンドを作ることを目標に、七人の整備専属部員が加入した。甲子園に出たときの程高のキャプテンだった二階正義が監督に就任し、天空グラウンドでの練習試合開催を実現した。また、文乃と一緒にメディアに登場し、宣伝に一役買うなどした。

さらに、野球部の事業として「人材の確保」に集中した。それに伴い、野球の上手い中学生を獲得するためのさまざまな施策を行った。すると、合計二四人もの中学生が入部を希望してきたのである。

そこで、野球部には新たな課題が生まれた。それは、選手の受け入れを制限しなければならない――ということだった。

それというのも、ドラッカーのマネジメントにおいて「最大」は、必ずしも良いことではなかったからだ。それよりも「最適」であることが求められた。『イノベーションと企業家精神』にはこのように書かれていた。

> 目標が最大化にあったのでは、目標は決して達成されることがない。それどころか達成に近づくほどいっそうの努力が求められる。なぜならば、（目標の七五％あるいは八〇％という）最適値を超えるや、得られる成果は指数関数的に小さくなり、必要とされるコストは指数関数的に大きくなるからである。（一五九頁）

だから、野球部は選手の数を無闇に増やすわけにはいかなかった。そのため、制限を設ける必要があったのだ。

この考え方には最初、学校側から待ったがかかった。というのも、クラブ活動の本分が教育にある以上、希望者が必ずしも入部できないのは問題だとの指摘が出たからだ。さらに、学校としては生徒数を増やしたいという思惑もあった。そこにおいても、選手の数を制限することにはなかなか受け入れられないものがあった。

しかしながら、野球部にとっては「組織の存続」が何よりの重要課題だった。なぜなら、かつてその存続に失敗し、一度休部に追い込まれたという苦い経験を持っていたからだ。そのときも、部員を無闇に増やしたことが存続を困難にさせたところがあった。そのため、野球部のマネジメントチームにとっては、部員の数を制限することは絶対に譲れなかったのだ。

それで結局、最後は文乃が重森校長と話し合い、ようやく学校側の了解を得ることができた。重森校長としても、文乃を三顧の礼を以て迎えた以上、その意見を無下《むげ》にすることはできなかったからだ。

実は、野球部の復活は、重森校長の肝煎りで着手された、学校にとっての新事業でもあった。というのも、重森校長が赴任してくるまでの浅川学園は、生徒数の慢性的な減少に悩まされていたのだ。

浅川学園の生徒数が減少に転じたのは、一九九〇年代の後半であった。原因ははっきりしていて「少子化」だった。特に、浅川学園がある東京都日野市の出生率は、若者の都心部への流出が増えていることもあって、全国平均よりも低いくらいだった。

それに対し、浅川学園はこれまでなんの対策も講じてこなかった。統計的な数字を見ればその傾向は明らかなのに、見て見ぬ振りをしてきたのである。

そのツケが、最近になって回ってきた。重森校長は、前理事長の甥に当たる人物で、それまでは金融機関でファンドマネージャーをしており、投資家として数多くの経営者と会うことを仕事としてきた。しかし、学校の経営がいよいよ逼迫《ひっぱく》した状況になって、三年前に急遽招聘されたのだ。

赴任してきた重森校長は、学校の経営状態を見て驚いた。少子化への対策が何も行われていなかったからだ。例えば、九〇年代初頭に野球部が問題を起こしたときも、ただ休部にしただけで、それ以上の対策は行われなかった。すでに十分な生徒数は確保できていると、現状にあぐらをかいていたのだ。

おかげで、野球をしたい生徒が入ってくることはなくなったし、グラウンドも放置する格好となった。そんなふうに、ずっと放漫な経営が続いていたのだ。

そこで、重森校長は慌てて経営の勉強をあらためて始めた。そうした危機的状況を乗り越えるためには、抜本的な改善が必要だと感じたからだ。すると、その過程で文乃が書いた『もしドラ』を読み、ドラッカーと出会った。

そこで重森校長は、ドラッカーが「少子化」についても具体的に言及していることを初めて知った。それは、『イノベーションと企業家精神』の、イノベーションの第五の機会である「人口構造の変化に着目する」という章においてだった。そこでドラッカーは、こんなふうにいっていた。

　このような人口構造の変化が、企業家にとって実りあるイノベーションの機会となるのは、ひとえに既存の企業や公的機関の多くが、それを無視してくれるからである。彼らが、人口構造の変化は起こらないもの、あるいは急速には起こらないものであるとの仮定にしがみついているからである。まったくのところ、彼らは人口構造の変化を示す明らかな証拠さえ認めようとしない。（六三頁）

　これを読んで、重森校長はびっくりした。それはまるで、浅川学園のことをいっているようだと思ったからだ。まるで自分に向けて発せられた言葉のように感じた。浅川学園も、これまで人口構造の変化を無視し続けてきた。それが「急速には起こらないものであるとの仮定にしがみついてい」た。だからこそ、経営が逼迫し、教師経験のない自分が赴任してくる事態となったのだ。

　そこで重森校長は、なおもドラッカーについて深く勉強するようになった。するとやがて、『もしドラ』の作者である文乃が教師を目指しているということを知り、これはなんとしてでも浅川学園に迎え入れなければと思った。しかも、彼女は野球部のある高校への赴任を希望していた。それなら、休眠していた野球部を復活させるためのいい機会にもなると考えた。つまりそれは、重森校長にとっての一石二鳥のアイデアでもあったのだ。

そんなふうに、重森校長はドラッカーの考え、あるいは文乃の存在を重視していた。そのため、文乃からそういわれると、これを聞き入れないわけにはいかなかった。

特に、浅川学園の生徒数が減ったのも、ドラッカーがいうようにかつて「最大」を目指したことのツケが回ってきた部分があった。だから、野球部のマネジメントが目指すという「最適」も理解し、納得することができたのである。

そこで重森校長は、最終的には選手の数を制限するという野球部の案を全面的に受け入れた。そればかりか、今度は野球部の考えにならって、これまでの自分自身の「浅川学園の生徒数を増やす」という目標にも見直しを加えたほどだった。これまでは無闇に増やそうとしていたそれを、最適な数を目指すことに方針転換したのだ。

そうして野球部は、紆余曲折はあったものの、ようやく選手の数を制限できるようになった。そして、これによって野球部には新たなメリットが生まれた。それは、かえって入部希望者が増えたことだ。

それは、文乃がかつて習った「トム・ソーヤーのペンキ塗り」の効果がそこに生まれたからだった。人間は、禁止されるとその誘惑にかられる。浅川学園野球部は、入部できる人数を制限したからこそ、かえって中学生たちを勧誘することに成功したのだ。その意味で、選手の数を制限することは、組織の継続を容易にすることと入部希望者を増やすことという、一石二鳥の「アイデア」ともなっていた。

そしてそれは、数年後、浅川学園への入学希望者増加にもつながった。なぜかといえば、そこでやっぱり禁止されるとその誘惑にかられるという「トム・ソーヤーのペンキ塗り」の効果が生まれたからだ。

そのため重森校長は、あらためてドラッカーの考えの深さ、その言葉の重みを再確認することとなった。少子化という現実に抗うのではなく、それを逆に受け入れ、募集人員を絞った。そのことが、かえって入学希望者を増やすこととなった。つまりそれは、人口構造の変化を利用したイノベーションとなったのだ。

そんなふうに、この頃までに野球部は、有形無形のいくつかのイノベーションを着実に積み重ねてきた。そうして三年生の卒業は、そこにもう一つのイノベーションを加えることともなった。なぜならそこで、新たなリーダーを選出したからだ。

公平が卒業するのに伴って、マネジメントチームでは新たなリーダーを選ぶことになった。しかし、これについてはそれほどの議論を要しなかった。真実が、全会一致で選ばれたからだ。

真実は、再開した野球部においては公平に続く二人目の部員だった。そうしてこれまで、彼の右腕として陰に日向に活躍してきた。

特にドラッカーの理解度では、文句なく野球部で一番だった。それを現実に落とし込む具象化の力を活かして、イノベーションの中心的な役割を担ってきた。

その真実がリーダーに就くことは、誰に異論のあるところでもなかった。というより、彼女は公平がいた当時から、ほとんどリーダー的な役割を担っていたのだ。

その卒業セレモニーの挨拶で、公平はこんなふうに述べた。

「ぼくはこれまで、いいリーダーだったかどうかは分かりません。ただ一つ、自慢できることがあるとすれば、それはすぐれた後継者を残せた——ということです」

それから公平は、ドラッカーの一説を引用してこう言った。

「ドラッカーは、こういっています——」

ただしそのためには、創業者自身がいつまでも自らマネジメントを行うのではなく、い

ずれトップのチームに引き継ぐ決意をしておかなければならない。（一七九頁）

「もしぼくがこの野球部の『創業者』だとするならば、一つだけ褒められてもいいと思うのは、いつまでも自らマネジメントを行わなかったことです。それをトップのチームに引き継ぐことが、早い段階からできたことです」

そうして、残る五人のマネージャーたちの方を見やると、こう締めくくった。

「その意味では、こうして卒業することが、今はすがすがしい気持ちです。悔いは全くありません。本当にありがとうございました」

そう言った公平の目には、しかしかすかにきらりと光るものがあった。すると、それを見ていた部員たちからは大きな拍手が湧き起こった。

その光景を見ながら、夢は五ヶ月前のことを思い出していた。

五ヶ月前の七月の終わり、浅川学園野球部は、部員全員で西東京大会の決勝戦を見に神宮球場まで行った。

そこで試合終了のときに、公平が突然涙を流したのだ。

それを隣の席で見ていた夢はびっくりした。公平がなぜ泣くのか、皆目見当がつかなかったからだ。そこで、その場では見て見ぬ振りをしたものの、学校に帰ってからこっそりとその理由を尋ねた。夢は、なにしろ部員のケアをすることが仕事だったから、これを見過ごすわけにはいかなかったのだ。

するとと公平は、こんなふうに答えた。

「あの涙は……なんていうか、決勝戦が終わったら急に切ない気持ちになって――」

「切ない気持ち――ですか？」

「そう。ほら、おれも三年生だろ。だから、夏の地区大会が終わっちゃうと、『おれの高校野球もこれで終わりだな……』なんて思ってさ」

それを聞き、夢はなんと言えばいいのか分からなかった。それでしばらく黙っていたのだが、すると公平は、照れ笑いをしながらこうつけ加えた。

「おかしいよな。選手でもなく、ましてやうちの高校が出ているわけでもないのに、泣くなんて。でも、たった四ヶ月でも、マネージャーとして高校野球にかかわっていたら、いつの間にか自分も高校球児の一人――っていう気持ちになっていたみたい」

しかし夢は、それを聞いてもなお、公平の気持ちがよく理解できなかった。ただ、彼女の仕事は部員一人ひとりの気持ちに寄り添い、その居場所を作るということにあった。だから、公平のこの涙を理解するというのは、夢にとっては一つの課題となったのだ。

卒業セレモニーで涙を流している公平を見て、夢はそのことを思い出していた。

そしてもう一人、その公平の涙を見ながら考えごとをしている人物がいた。それは部長の文乃だった。文乃が考えていたのは、野球部の新しいリーダーである真実についてだった。

文乃は、真実のことが少し気がかりだった。なぜかといえば、そのリーダへの選任が「全会一致」でなされたからだ。

ドラッカーの『マネジメント』にはこうあった。

マネジメントの行う意思決定は、全会一致によってなされるようなものではない。対立する見解が衝突し、異なる見解が対話し、いくつかの判断のなかから選択が行われて初めて行うことができる。したがって、意思決定における第一の原則は、意見の対立を見ないときには決定を行わないことである。（『マネジメント【エッセンシャル版】』一五二頁）

だから文乃は、真実が全会一致で後任のリーダーに決まったとき、ふとイヤな予感を抱いたのだ。

しかし彼女は、そのことを誰にも言わなかった。それは、この野球部では「見守る」ということをテーマにしていたからでもあるが、文乃自身も、真実のリーダー就任は最適だと思っていたので、それに反対することへの躊躇いもあったからだ。

そうして彼女は、ついに最後まで自分の心配を誰にも告げることができなかった。

第二部

第六章　夢は外に出て、見て、問い、聞いた

21

真実がリーダーになってから、夢はずっと上機嫌だった。なぜなら、一緒にいられる時間が増えたからだ。

新年になって、夢は真実とずっと一緒にいるようになった。それは、真実の主たる仕事が「部員たちと面談する」ということになったからだ。そこに、夢も人事担当として同席することになったのである。

人事担当となってから、夢は「居場所ってなんだろう？」と考え続けていた。それは、彼女の仕事が「居場所を作る」ということだったからだ。

「どうすれば部員たちの居場所を作れるのか？」

——そのことを考えるとき、夢は、まずは「居場所」について詳しく知っておく必要があると思った。なぜなら、それをしっかり理解しておかなければ、見当外れのことをしてしまい成果が上がらない——そう危惧したからだ。

そこで夢は、「人はどういうときに『居場所がある』と感じるのか？」ということを考えてみた。特に、「自分はどういうときにそれを感じたか」ということを振り返ってみた。

すると、一番は「誰かに必要とされているとき」というのが分かった。

例えば、真実から何かを頼まれたときや、あるいはそれをして喜んでもらえたとき、夢はとても嬉しかった。野球部のマネージャーは、それがあるから一生懸命しているところもあった。

そう考えると、人が「居場所がある」と感じるためには、誰かに「必要とされること」がだいじだった。誰かに頼りにされる必要があるのだ。

そのため夢は、今度は「人が誰かに必要とされるのはどういうときか？」ということを考えてみた。人はどういうときに誰かに頼りにされるのか？

するとそれは、「自分では解決できない問題を、その人なら解決できるとき」というのが分かった。簡単にいうと、「その人に助けてもらえるとき」だ。

これは、逆にいえば「誰かを助けられる人は、必要とされる」ということだ。誰かの問題を解決できる人は、そこに居場所を見出せる。

では、誰かを助けられる人はどういう人か？

それは、「他にはない能力を持っている人」ということになる。「他にはない長所を持っている人」だ。人は、その長所を活かすことによって、他の人を助けることができるのだ。

つまり、「長所を活かして誰かを助けられるようにすれば、その人は居場所があると感じられる」ということになった。そうなると、野球部の人事がしなければならないことは、部員たちの長所を見つけ、これを活かし、誰かを助けさせる——ということになる。

そこにおいては、「部員たちの長所を知る」ということが、まず重要となった。なぜなら、長所が分からないとそれを活かすこともできず、居場所を作ることもままならないからだ。

そこで夢は、部員たち一人ひとりの長所を調べることにした。すると、そこで面白いことが分かった。それは、夢自身が「人の長所を見つけることが得意」ということだった。それが夢の長所でもあったのだ。

夢はもともと「羨ましがり」だった。顔のかわいい子がいたら羨ましがったし、頭がいい子に対しても羨ましがった。足が速かったり花を育てるのが得意だったりする子に対してもそうで、とにかくよく羨ましがる性格だった。

ただ、自分ではその性格が嫌いだった。それは、他人の長所を羨ましいと思うと、それを持っていない自分に劣等感を抱いてしまうからだ。

だから、これまではあまり人を羨ましがらないよう心がけていたのだが、それがここでは長所として活かせると分かった。そうして夢は、「短所も使い道によっては長所に変わる」ということを知ったのだ。

それによって、夢は人事という仕事が前よりも好きになった。その仕事にやりがいを持てるようになった。

するとそこで、「その仕事を好きかどうかということも、居場所にとってはだいじだ」ということが分かった。なぜなら夢は、人事の仕事を好きになるに連れ、ますますそこに「居場所がある」と感じられるようになったからだ。

夢は、最初はこの仕事がイヤだった。嫌いというのではなかったが、自分には荷が重すぎて務まらないと思っていた。

しかし「真実の役に立ちたい」という気持ちから仕方なく始めたところ、思いがけず自分に向いているということが分かった。すると、やがてその仕事が好きになり、居場所を感じられるようになったのだ。

そう考えると、人の居場所を作るためには、まずはその人の長所を知ること。その上で、それを成果に結びつけ、誰かから評価されるようにすること。そして、その仕事を好きになってもらい、やりがいを持って取り組んでもらうこと――この三つがだいじだと分かった。人事は、それらを部員一人ひとりに対して行っていくのが仕事なのだ。

それでいうと、例えばグラウンド整備担当の松葉楓は、人事の仕事の理想的な成功例だった。

楓は、花を育てるのが上手なことが長所だった。そこで、それをグラウンド整備に結びつけたところ、多くの人から評価されるようになった。すると楓もその仕事が好きになり、やりがいを持って取り組むようになった。そうして今では、そこに居場所があると感じるようになったのだ。

そこで夢は、楓のような成功例を、もっと他の部員でも作っていきたいと思った。そのためには、部員たちのことをもっとよく知る必要があった。特に、部員たちの内面を掘り下げていく必要があった。彼らが何を求め、何に困っていて、何にやりがいを感じるか、把握しておかなければならなかった。

ところがそこで、一つの壁に突き当たった。というのも、夢は人と話すのが苦手だったのだ。そのため、彼らの気持ちをなかなか聞き出すことができなかった。

部員たちの気持ちを聞き出せなければ、彼らが何を求め、何に困っていて、何にやりがいを感じているかということも知ることができない。そうなると、それを周囲の評価や本人のやりがいに結びつけるのも難しくなってしまう。

そこで夢は、どうにかしてそれを知ることができないかと考えた。しかし、なかなかいい案が思い浮かばなかったのだが、するとそのとき、真実からこんな話を切り出された。

「私、リーダーになったら、まずは野球部にかかわる人たち全員と面談しようと思うんだ」

「面談――って?」

「文字通り、面と向かって話をすることよ」

「どうしてそれをするの?」

「そこで、みんなの本心を聞き出したいの」

「えっ!」

と夢は驚いた。それは、まさに自分がしたいと思っていたことだったからだ。

「――それを聞いて、どうするの?」

「うん。実はね、『イノベーションと企業家精神』にこういう記述を見つけたの」

第三に、企業家的な企業では、トップマネジメントが自ら開発研究、エンジニアリング、製造、マーケティング、会計などの部門の若手と定期的に会っている。(一三六頁)

「ドラッカーは、トップマネジメントは現場の人間と定期的に会わなければならない――といっているわ。会って、彼らと話さなければならないって」

「へえ……どうして？」

「理由は三つあって、第一は、トップマネジメントがみんなの気持ちを知ることができる、ということ。第二は、逆にみんながトップマネジメントの気持ちを知ることができる、ということ。そして第三は、それによってみんながマネジメント的な視点やイノベーションについて考えられるようになる、ということよ」

「なるほど――」と夢は感心して頷いた。「確かに、イノベーションのアイデアって、マネージャーだけで考えるより、現場のみんなに聞いた方がいろいろと出てきそうね」

「でしょ？　それに、そこでみんなの『隠れた本音』も聞き出せると思うの。それもだいじだと思って」

「隠れた本音って？」

「うん。これは任天堂の社長だった岩田聡さんが言っていたことなんだけど、そういうふうに一人ひとりと面談していくと、これまで隠れていた本音というものがいろいろ出てきて、人間関係がずいぶんとほぐれるんだって」

「へえ……あ！　だったら――」

「ん？」

「そこで、その人が何を求め、何に困っていて、何にやりがいを感じているか——ということも聞き出せる？」

「うん。まさに、そういうことを聞くためにしようと思ってるから」

「じゃあ、私もそこに参加したい！」

「え？」

「私もそこで、みんなの気持ちを聞いてみたい！　実は、それをどうやって聞き出そうか悩んでいたところなの。でも、そうか……それを人と話すのが得意な真実に聞き出してもらえばいいんだ！」

そうして夢は、真実の面談に同席し、野球部に関係する全ての人たちの話を聞くこととなったのだ。

22

二人が最初に面談したのは、監督の二階正義だった。今では野球部が部室のように使っている校舎一階の西端にある小教室で、二人は正義との話し合いに臨んだ。ただし夢は、そこではもっぱら書記役に回って、話すのは真実が一人で請け負った。

　真実はそこで、まずは正義が作ろうとしている「型」について尋ねた。

「その型というのは、どういうふうに作ろうとしているんですか？」

「うん。いろいろ考えたんだけど、これという答えがなかなか見つからなくて。なにしろ野球には、一〇〇年を超える歴史があるにもかかわらず、いまだに明確な型というのが確立していないからね」

「じゃあ、ちょっと難しそうですか？」

「いや、でも『練習の型』――というのなら見つかったんだ」

「練習の型――ですか？」

「うん。野球においては、誰もがこれをする――という練習があるんだ。だから、それについては『練習の型』といっても差し支えないかと思って」

「それは、一体どういう練習ですか？」

「うん。それは『キャッチボール』と『素振り』なんだ。キャッチボールと素振りというのは、それこそ初心者からプロに至るまで、あるいは洋の東西を問わず、誰でもするものだからね」

「――確かに」

「だから、まずはこれを徹底的に突き詰める――ということから始めてみようと思って」

「具体的には、どういうふうにするんですか？」

「うん。選手たちに、名選手の投球フォームや打撃フォームを真似させる――ということをしてみようと思って」

「真似ですか？」

「そう。それも徹底的にね。『真似る』というのは『学ぶ』と同じ語源を持つくらい、教育の基本だから。それを徹底してみることで、型へと通じる道が拓けるんじゃないかと考えている」

「なるほど。それで入部試験のとき、モノマネをさせたんですね」

「うん。ぼくが考えたのはこういうことなんだ――」

と正義は、身を乗り出して言った。

「この浅川学園に入ってくる選手というのは、さすがに全国に通用するような大物はいない。なにしろまだ、再スタートして間もない学校だからね。どうしても、中学時代にはあまり芽が出ず、控えに甘んじていたような選手たちばかりだ」

「確かに」

「そういう選手をそのまま指導しても、伸びしろは少ないと思うんだ。なにしろ、中学まではそのやり方で上手くいってなかったわけだから。だから、彼らにも何か質的な変化——つまりイノベーションが必要じゃないかと思ったんだ」

「なるほど！　それは面白いですね」

「だろ？　で、イノベーションについてドラッカーはこういっている——」


イノベーションを魅力的なものにするための第一の段階は、すでに活力を失ったもの、陳腐化したもの、生産的でなくなったものの廃棄を制度化することである。（一三〇頁）

「——だから、まずは彼らに自分のフォームを廃棄させることから始めようと思って」

「フォームを廃棄……ですか？」

「うん、『古いフォームを捨てさせる』ということだね。彼らは中学時代、その投球フォームや打撃フォームで控えに甘んじていた。だから、まずはそれを捨てさせる必要があると思って」

「なるほど。つまり、彼らのフォームを抜本的に矯正する——ということですね。でも、そう上手くいきますか？　高校一年生とはいえ、これまで慣れ親しんだフォームを直すのは簡単なことではないんじゃないですか？」

それを聞いて、夢はビックリした。真実が、ずいぶんと突っ込んだ質問をすると思ったからだ。

しかし正義は、表情を変えることもなくこう答えた。

「うん。だからこそ、そこで『型の教育』が活きてくるというわけさ」

「どういう意味ですか?」

「型を教えるというのは、ある決まったフォームを徹底して反復練習させるということだろ。それをさせると、型を身につける過程で、自然と古いフォームを壊すこともできるんだ。つまり、古いものを捨てつつ新しいものを採り入れる、一石二鳥となっている」

「なるほど、つまりこれは『アイデア』だというわけですね!」

と、真実は感心したように頷いた。

それから、今度は話題を変えてこう尋ねた。

「他には、どんな練習をする予定ですか?」

「いや、他には何もせず、しばらくはこれに集中するつもりだ」

「キャッチボールと素振りしかしないんですか? それだと飽きてしまわないですか?」

「いや、むしろ飽き飽きするくらいやらないと、型というのは身につかないと思うんだ。それに、ここにはもう一つの狙いもある」

「ほう。どういうものでしょう？」

「うん。そういうふうにキャッチボールと素振りしかやらないことで、選手たちには飢餓感が植えつけられると思うんだ。もっとボールを打ってみたい。あるいはゲームをしてみたいって」

「確かにそうでしょうね」

「その飢餓感が、野球への意欲を高めるんじゃないかと考えてて。これは、文乃がいっていた『トム・ソーヤーのペンキ塗り』の応用さ。それを禁止することで、かえって誘惑する——というわけなんだ」

「具体的には、いつまでそれを禁止するんですか？」

「とりあえず、夏の大会の直前くらいまではと思っている」

「そんなに長くですか？」

「うん。そこまで我慢して我慢して、夏の大会で一気に解放する。そうしたら、面白い化学変化が期待できるんじゃないかと思って」

正義との面談が終わって二人きりになると、夢は真実にこう切り出した。

「真実、けっこう鋭く突っ込むんだね。横で聞いててドキドキしちゃった」

「うん。実は、事前に文乃先生にもヒヤリングしておいたの。監督さんがこれから何をしようとしているのか、可能な限り知っておきたいと思って。だから、あの質問もあらかじめ用意してあったものなんだ」

「へえ！　これから話を聞く相手なのに、わざわざ前もって調べておいたんだ」

「そう。それは、相手のしていることに関心を持つ――という意味もあるけど、最低限の真摯さじゃないか――とも思って」

「真摯さ？」

「ほら、『もしドラ』では『真摯さ』という言葉が一つのキーワードになっていたでしょ。それに欠ける者は、マネージャーの資格がないって。私は、自分の仕事は『可能な限りみんなのことを知ること』だと考えているの。『イノベーションと企業家精神』にも、こんなふうに書いてあるわ」

　イノベーションを行うにあたっては、外に出て、見て、問い、聞かなければならない。このことは、いかに強調してもしすぎることがない。（一一二頁）

「あ、それは『イノベーションの原理と条件』のところね」

「そう。だから、まずは外に出て、見て、問い、聞くことに集中しようと思って。それをとことんまで突き詰めるのが、マネージャーとしての真摯さかなって」

「なるほど」

「逆にいえば、私にできることはそれくらいしかないから……」

その言葉を、真実はなぜか溜め息をつくように言った。

それで夢は、咄嗟に（え？　そんなことないよ——）と言いかけた。真実にできること、あるいは果たしている役割は、他にもいろいろあると思ったからだ。

しかし夢は、すんでのところでそれを飲み込んだ。そうして結局、口にはしなかった。それは、真実がそういう返答を期待していないように感じたからだ。

真実がそう言ったのには、何か理由があるようだった。しかし夢には、それが何かは分からなかった。そこで仕方なく、黙っていることにしたのだった。


この面談を皮切りに、真実と夢は野球部の関係者たちに次々と話を聞いていった。続いては野球部部長の文乃に話を聞くと、さらにはマネージャーたち、そして整備班とも対話を重ねていった。

そこで夢は、部員一人ひとりの内面をいろいろと知ることができた。真実は、その豊富な知識と巧みな会話術とで、誰に対してでも鋭く切り込んでいった。そうして、これまでは表に出ることがなかった彼らの隠された本音を次々と引き出していったのだ。

それは、夢が部員たちを知る上ではとても役立った。それと同時に、思いがけず夢が真実という人間を知ることにもつながった。そこで夢は、これまでは知らなかった真実の一面を垣間見ることとなったのだ。

23

夢がそこで見たのは、真実の厳しい一面だった。真実は、自分に対しても厳しいが、他人に対しても厳しいところがあった。とにかく、要求するレベルが高いのだ。

例えばそれは、野球戦略担当の木内智明と面談しているときに表れた。そこで真実は、智明に対して「高校野球における『構造の変化』を見つけてほしい」と注文を出した。

「構造の変化」とは、ドラッカーが「イノベーションのための七つの機会」と呼んだものの四番目だ。これについて、ドラッカーはこんなふうにいっていた。

産業や市場の構造は非常に堅固に見えるため、内部の人間は、そのような状態こそ秩序であり、自然であり、永久に続くものと考える。しかし現実には、産業や市場の構造は脆弱である。小さな力によって簡単に、しかも瞬時に解体する。（五四頁）

高校野球における「構造の変化」として有名なのは、「金属バットの登場」だった。これによって、ピッチャー有利の構造からバッター有利の構造へと変化した。

そこで真実は、智明にこう問いただした。

「何か今、『金属バットの登場』に匹敵するような構造の変化ってある？」

「構造の変化かぁ。うん……それが、その、ちょっと難しくて……」

「『難しい』じゃないでしょ！　それを調べてきてって言ったよね？」

それでまた、夢はドキッとした。真実がそういう言い方をするのを、これまで聞いたことがなかったからだ。

しかし真実は、相手を見ながら言い方を変えていた。相手の性格に合わせて言っているのだ。だから、智明に対してはそれがきつすぎるということはなかった。彼は、真実の言葉をのんびりと受け止めながら、こんなふうに返事をした。

「うん。調べたは調べたんだけど、よく分からなくて……」

「例えば、『投手の連投』についてはどうなの？」

「え？」

「『投手の連投』って、前は当たり前だったけど、今は難しくなったんでしょ？　前は、優勝するチームのエースが五連投、六連投するというのがよくあったけど、今は、複数のピッチャーが交代しながら投げるって」

「あ、確かに！」

実は、それは真実が事前に正義からヒヤリングしていたことだった。正義は、投手の連投が難しくなった「構造の変化」を利用して、型による教育で優秀な投手を何人も育てようとしていた。それは「猿飛佐助作戦」と呼ばれ、優秀なピッチャーをどんどん生み出すことによって、プロ野球のような先発投手のローテーション制度を確立するのが狙いだった。それによって、高校野球界にイノベーションを起こそうとしたのだ。

真実がそれを話すと、智明は感心したように「それは凄い！」と目を輝かせた。

しかし真実は、逆に渋い表情になるとこう言った。

「『凄い』じゃなくて、智明くんにもそれを見つけてほしいと頼んでるの」

「あ、なるほど、ごめん……」

「第一、この話を知らないってことは、監督さんともちゃんと連携を取れてないってことでしょ？」

「それは、確かに……」

「とにかく、智明くんには破壊的イノベーションを起こしてもらうことを期待してるんだから」

「破壊的イノベーション？」

「破壊的イノベーションとは、これまでの価値を覆すようなイノベーションのことよ。それが実現されれば、もう競争をしなくても済むの。それが、イノベーションというものの本当の価値なのよ」

「なるほど。でも、どうやってそれを見つけたらいいのか、ぼくにはまだよく分からなくて……」

「だったら、まずは高校野球の歴史を洗い直してみて」

「歴史？」

「うん。特にデータに着目して、そこに潜んでいる変化を見つけてほしいの。防御率とか打率が、どう移り変わっていったか。どんな細かなものでもかまわないわ。むしろ細かい数字の中にこそ、『構造の変化』が眠っていると思うから」

「分かった。じゃあ、早速やってみるよ。ただ――」

「ん？」

「分からないことがあったら、また教えてくれる？」

その面談が終わった後、真実は珍しく夢に愚痴った。

「智明くんは、のんびり屋なところがあるのよね。何度言っても、なかなか自分から動こうとしないの」

「そうね。ただ、悪い子じゃないと思うんだけど……」

「悪い子じゃないのよ。頭だって悪くない。でも、自分の仕事に責任を持って、自主的に動くことが苦手なんだわ」

するとと夢は、それに対して少し考えてからこう言った。

「……それは、まだそこにやりがいを見出せてないからじゃないかな――」

「えっ？」

「……智明くんは、そこがまだ居場所だと感じられていないから、のんびりしちゃうのかも」

すると真実は、ふと苦笑いのような表情になってこう言った。

「……夢は偉いね」

「えっ？」

「そうやって、問題をいつも自分事として考えている。みんなも、そうやって考えてくれるといいんだけど……」

それを聞き、夢は、自分が褒められているにもかかわらず、真実の言葉に少なからず違和感を覚えた。それは、そう言った真実自身が、まるで他人事のような言い方をしたからだ。そこには突き放したような冷たさがあった。

四月になって、野球部には新たに一二人の選手たちを含む二四人が新入部員として入ってきた。そうして野球部は、再興してから初めて野球の練習をすることができた。再スタートしてから丸一年経って、ようやく野球をすることができたのだ。

しかしながら、真実と夢の仕事は四月以降も変わらなかった。部員たちと面談を重ね、彼らのことを聞いていった。二人は、外に出て、見て、問い、聞いた。それが、二人の仕事のほとんど全てだった。

そこで二人は、一二人の選手たちとも面談をした。夢は、彼らに興味津々だった。一二人は、再興した野球部にとっては初めての選手たちだ。夢はこれまで、選手と話したことが一度もなかった。そのため、彼らが何を求め、何に困っていて、何にやりがいを感じているか、皆目見当がつかなかったのだ。それが面談によって知れるというのが、嬉しくて仕方なかった。

一二人の選手たちには、当然のことながらいろんなタイプがいた。話すのが得意な者もいれば、そうでない者もいた。野球が上手い者もいれば、そうでない者もいた。彼らが浅川学園に入った動機や、抱いているイメージもさまざまだった。

ただ、それらは概ね三つのタイプに分けることができた。まず、最も多かったのが槇庸《まきよう》太郎《たろう》のようなタイプだ。彼は、二人との面談でこんなことを話した。

「ぼくは、本当に大したことのない選手なんです。中学では控えのピッチャーをしていましたけど、不動のエースがいたんで出番はほとんどなく、ときどき外野を守っていました。それで、このまま強い高校へ行っても補欠になるのが確実だったんで、それだったら出場機会のある学校の方がいいかなと思って、ここへ来ました」

このタイプは、浅川学園の野球部がまだ復活したばかりで、選手が一人もいないという状況を逆に魅力に感じて入ってきた。そこで期待しているのは「出場機会を得る」ということだった。

それから、一条隼人のようなタイプもいた。

「ぼくは、正直中学の野球部とは合わなくて。それで、卒業したら野球をやめようかとも考えていたんですが、たまたまこの高校のことを知って。ここなら、何か新しいことができるんじゃないかと思って――」

このタイプは、それなりの実力を有しながら、元いたチームとは合わなかったのでここに来ていた。彼らは、強豪校に進学するのに躊躇《ためら》いがあった中、入学前に天空グラウンドで行われた試合を見て、その楽しそうな雰囲気に憧れた。そのため、そこで期待しているのは「これまでとは違った野球をする」ということであった。

さらに、こういうタイプもいた。国枝宗助《くにえだそうすけ》は、中学ではそれなりに名の知れた投手だった。

「ぼくの中学は、とても弱かったんです。自分で言うのはなんですけど、ぼくのワンマンチームのようなところがあって……。それで、最初はそれがイヤだったんですけど、やってるうちに逆に燃えてきて。『どうやってこの弱いチームを勝たせるか――』ということに面白さを感じるようになったんです。でも、選手一人の力ではどうしたって限界がありますよね。そうしたときに、ちょうど『もしドラ』を読んで。で、これは使えるかもって考えていたところ、この学校の部長さんが『もしドラ』を書いた人だと知って――」

彼らは、マネジメントに興味を覚えて浅川学園に入ってきていた。つまり、「マネジメントを学ぶための組織」という野球部の定義に最も則した選手たちだった。

24

一二人の選手たちは、入部早々モノマネの練習からスタートした。そうして、正義の言葉通り、それだけしかやらなかった。

そこで正義は、とにかくそれを徹底させようとした。そこには、まずは彼らの古いフォームを捨てさせるという狙いがあった。古いものを捨てつつ新しいものを生み出すという、フォームのイノベーションを行おうとしたのだ。

するとそこで、いろんなことが分かった。まず、型を身につけるスピードには、選手によって大きく差があるということだ。

例えば、隼人は型の習得が早かった。もともとモノマネが上手いということもあったが、体を自在に動かすことに長けていた。とても器用だったのだ。それで、一二人の選手たちの中ではすぐに際だった存在となった。

次いで、槇庸太郎も型の習得に長けていた。ただ、彼の場合は器用というのではなく、どちらかといえば不器用だった。そのため、最初の型の練習では、一二人の中でも下手な部類に入った。

ところが、その後に目覚ましい成長を遂げたのだ。というのも、庸太郎には類い希なる「素直さ」があった。そのため、自分の元のフォームにもこだわりを持たず、捨てるのが早かった。そうして、ゆっくりとではあったが着実に、新しいフォームを身につけていった。一ヶ月も経つ頃には、隼人に次いで型を習得した選手となっていた。

それとは逆に、宗助は意外にも難航した。中学でそれなりの実績を残していたためか、すでにフォームが完成されており、壊すのに手こずった。元のクセをなかなか拭い去ることができなかったのだ。

宗助以外にも、中学時代に実績を残した真面目な選手ほど、概ねその練習に戸惑った。それよりも、新しいことを求めて入ってきた隼人のような選手の方が、水に慣れるのが早かったのである。

そうして型を身につけさせる練習が続く中、ある事件が起こった。それは、五月半ばの金曜日のことだった。マネジメントチームのミーティングを終えた真実が、夢とともに天空グラウンドを訪れると、そこで見慣れない光景がくり広げられていた。一二人の選手たちがフリーバッティングをしていたのだ。

それで真実は驚いて、バックネット裏でその練習を見ていた正義のもとに駆け寄った。

「――これは一体、どういうことですか？」

すると正義は、ばつの悪そうな顔になってこう答えた。

「……いや、ちょっとした息抜きだよ」

「息抜き？」

「うん。型の練習だけだとマンネリ化しちゃって、選手たちにだれてきたところがあったんで、たまにはこういうのも必要かなって」

「でも――」と真実は、ここでも鋭く切り込んでいった。「それって、監督さんが前に言っていたことと違いますよね？」

「え？」

「前に監督さん、『夏まではボールは打たせない』って言ってましたよね。その飢餓感が、逆に打つことへの意欲を湧かせるって」

「あ、うん……」

「それは、監督さん自身が決めたことですよね？　だったら、どうしてそれを破るようなことをするんですか？」

「え？　あ、うん……まあ、あまりストイックにやりすぎるのも良くないかなって。あいつらもストレスが溜まっていたみたいだし」

「それって、単に監督さんが選手を指導しきれなくなっただけじゃないですか？」

それを聞いて、夢は驚いて真実を見た。

しかし真実は、続けて言った。

「監督さんの指導力が弱いから、みんながついてこられないだけじゃないですか？　それを、選手たちのせいにするんですか？」

「……」

「それって、おかしいですよね？　第一、自分で決めた約束も守れないような監督なら、選手たちがついてこられないのも当然じゃないでしょうか」

それで、さすがの正義もぎょっとした顔をした。そうして、しばらく真実の顔を無言で見つめた。

しかし真実も、正義から目をそらさなかった。そのため、二人はしばらくにらみ合うような格好となった。

するとやがて、正義が口を開いた。

「……確かに、君の言う通りだ」

「……」

「おれが悪かった。それを認める。おれは、選手たちのマンネリ化した空気を感じ取って、このまま型の練習を続けていいのか、自信がなくなってしまったんだ。選手たちに疑問を持たれてるんじゃないか――って怖くなった。だから、息抜きという考えに逃げてしまったんだ」

「……」

「悪かった。反省する。今後は、自分で決めたことはちゃんと守るようにするよ」

するとと真実は、なおも正義のことを無言で見つめ続けた。そのため夢は、事の成り行きがどうなるかと、ハラハラしながら見守った。息が苦しくなり、目眩《めまい》さえ覚えた。

しかし真実は、そこでぺこりと一礼すると、こう言った。

「……よろしくお願いします」

そうして、踵《きびす》を返すとそのままグラウンドを後にした。それで夢も、慌てて後を追いかけた。


この一件もあって、夢は真実の変化というものに気づくようになった。彼女は、それまでにはなかった苛立ちや怒りというものを、時折露わにするようになったのだ。かと思うと、妙に冷めた、突き放したような物言いをするときもあった。真実自身、自分の感情とどうつき合っていいのか決めかねているようだった。

真実が変化したのは、去年の暮れ、マネージャーのリーダーになってからだ。また、変化した理由もほどなく分かった。それは、他ならぬ真実自身が、夢にそれを語ったからだ。

　ある日のこと、真実は夢にこんなふうに切り出した。

「夢に、一つ質問──」

「ん？」

「野球は上手いけど練習をサボる選手と、野球は下手だけど一生懸命練習する選手。夢だったらどっちの選手を試合で起用する？」

「ええっ？　それって誰と誰のこと？」

「いや、うちの部──ということではなく、一般的な話としてよ」

「一般的な話──か……。難しいわね。練習をサボる選手も、よっぽど上手ければ起用せざるを得ないだろうし、野球が下手でも、まあまあできるというのなら起用したいし。要はバランスの問題かなあ。でも、心情的には練習する選手の方を使いたいわね」

「なるほど。だけどね、これにはもう一つの答えがあるの」

「えっ？──どんな？」

「それは『どっちも起用しない』ということよ」

「ええっ？」

「どっちも起用せず、『野球が上手くて一生懸命練習する選手』を起用するの」

「なにそれ？」と夢は、ちょっと呆れた顔をして言った。「だって、それができれば苦労はないじゃん。それができないからどうしよう――っていう質問じゃないの？」

「いいえ――」と真実は、首を横に振ると言った。「これは『コロンブスの卵』的な問いかけなの」

「コロンブスの卵？」

「発想の転換ができるかどうか――を試しているのよ」

「ふむ……」

「夢だって、『野球が上手くて一生懸命練習する選手』がいたら、無条件で起用するでしょ？」

「それはまあ、そうだけど……」

「だったら、まずはそういう選手だけで組織を構成するよう努力するのが、マネジメントのするべきことじゃないかしら」

「なるほど……」

「実際、世の中にはそういう組織もあるんだよ」

「そうなの？」

「うん。これは文乃先生から聞いたんだけど、コリンズという経営学者が書いた本には、そういう事例がたくさん載ってるって」

「ふうん……でも」

「ん？」

「そういう組織になったら、努力するしか能がない私のような人間は、すぐに居場所がなくなっちゃうね」

するとは真実は、目を丸くして「えっ？」と言った。「──どういう意味？」

「だから、もしこの野球部がそういう経営をしていたら、私のようにマネジメント能力のないマネージャーは、すぐに首になる──っていうこと」

するとは真実は、眉をしかめてこう言った。

「はぁ？　何を言っているの？」

「えっ？」

「夢には、ちゃんとマネジメント能力があるじゃん。だから、人事というだいじな仕事を任されてるんだよ？　もちろん努力だってしているけど」

「……そう？」

「そうだよ！　夢、自分のことを客観的に見ることだけは、相変わらず苦手なのね。ちょっと謙遜しすぎだよ」

「謙遜──って、自分ではそんなつもりはなかったんだけど……」

「まあ、それは別にいいわ。話を戻すと、私もやっぱり、努力しない選手を使うのには抵抗があるの」

「――うん」

「だけど、そもそもそういう選手が一人もいなければ、そうした問題に悩まなくても済むでしょ？　この質問の究極の答えは、『悩むことそのものが間違い』ということなの。悩む前に解決しておけ――っていうこと」

「なるほど……。でも、そうなったら努力しない人や下手な人の居場所はどうなるの？」

「それは……『ない』ということにならざるを得ないわね」

それで、夢は少し戸惑った。というのも、これまで人事の仕事は「部員たちの居場所を作ること」だと信じてきたからだ。それが、もし「居場所がない部員もいる」というのを認めるのだとしたら、それは人事の敗北になるのではないかと思ったのだ。

そこで夢は、こう尋ねた。

「じゃあ、真実はこの野球部をそういう組織にしようと思うの？」

「『しよう』というか、目標を達成するためには、『せざるを得ない』んじゃないかな」

「なるほど……」

「だけど、実際は夢の言う通りなんだ」

「えっ？」

「夢の言う通り、それができれば苦労はない。現状、野球部がそうはなってないんで、どうしたらいいいんだろう――って悩んでるの」

そう言うと、真実はまた苦笑いのような、乾いた笑顔を見せたのだった。

第七章　夢は予期せぬ出来事に遭遇した

25

六月の半ばになって、夏の大会まで残り一ヶ月を切った。この頃になると、野球部にはある変化が訪れた。それは、選手たちのポジションを決めていったことだ。

浅川学園の選手は、全部で一二人いた。このうち、まずは二人の先発投手と二人の救援投手を決めることとなった。

その人選に当たっては、型の習熟度が最大の評価基準となった。そのため、先発投手には隼人と庸太郎が、救援投手にはこの二人に次いで型に習熟していた草岡健《くさおかけん》と大家清史郎《おおかせいしろう》が、それぞれ選ばれた。そうして、中学では名の知れた投手だった宗助は、その選から漏れたのだ。

この人選は、主に正義と文乃の二人で進められた。そのため、夢はそれを端から見ていただけだったが、それでも心が波立つのを抑えることができなかった。特に、宗助のことを思うと気が滅入った。

（救援投手にも選ばれなかったのはどういう気持ちだろう？　しかも、先発投手に選ばれたのは中学でセカンドだったり補欠だったりした選手だ。きっと、相当なショックを受けているんじゃないだろうか……）

そこで夢は、真実にどうしたらいいかを相談してみた。

「私たちにできることって、何かあるかな？」

すると真実は、こう答えた。

「それはやっぱり、『話を聞く』しかないんじゃないかな」

そこで二人は、四月に一度行ったものの、もう一度選手たちと面談をすることにした。ポジションの決定について、彼らの胸の内——隠れた本音を聞こうとしたのだ。

二人は、まずは宗助から話を聞いた。すると彼は、意外な言葉から切り出した。

「いや、逆にすっきりした気持ちです」

「どういうこと？」

——と、戸惑った顔の真実に対し、宗助は笑顔でこう言った。

「実は、自分でも薄々気づいていたんです。ぼくのピッチングは、もう高校では通用しないんじゃないかって……」

「どうして？」

「それは、中学のときにワンマンチームで投げていたから——っていうわけでもないんですけど、どうしても小手先のテクニックに頼って、小さく固まってしまっていたんです。それで、特にスピードがなかなか伸びなくて」

「そうなんだ。専門的なことは分からないけど……じゃあ、もう未練はないの？」

「『ない』というと嘘になりますけど、でも、今はそれを受け入れようと思っています。実際、型の習得もみんなに比べて遅れているし。ただ、どちらかというとバッティングの型の方が身についてきているので、野手としてレギュラーを狙います。幸い、足も速い方なので、外野手を目指そうかなと」

宗助は、「マネジメントを学ぶためにこの学校に入ってきた」と言うだけあって、自分も含めたチーム全体を客観的に見ることができていた。そのため、自分の立ち位置というものもよく把握して、その中でどう居場所を作ろうか、すでに自ら戦略を練っていたのだ。

その意味で、人事としては一番手のかからない選手だった。むしろ、協力を仰げば誰よりも心強いパートナーとなりうる存在だった。

その通り、ほどなくして宗助はチームのキャプテンに任命される。そうして、選手たちとマネージャーとの橋渡し役として、なくてはならない人物となっていくのだ。

続いて真実と夢は、先発投手に選ばれた二人——隼人と庸太郎に話を聞いた。すると、二人の反応は対照的なものだった。

まず隼人は、投手に選ばれたことをとても前向きにとらえていた。

「今は、すごくやりがいを感じています——」。隼人は、開口一番そう言った。「型というのが、奥が深くて面白いんです。今は、部内で一番得意だってことになってますけど、実際はまだまだできていないことも多くて。だから、もっともっと身につけていきたい——って考えています」

「先発投手に選ばれたことは？」

「それは、最初はびっくりしましたけど、でも嬉しかったです。やっぱりピッチャーは野球の花形なんで、やってみたいっていう気持ちは心のどこかにありましたから」

するると、それに対して真実がこう言った。

「うちの野球部は、先発投手のローテーション制度の確立を目指しているの」

「……はい」

「だから、先発といっても『不動のエース』というわけではなく、救援も含めた四人のうちの一人——ということになるわ。隼人くんには、その『チームの一員』として、役割を担っていってほしいの」

「はい……あの、すみません。具体的にはどうすればいいんですか？」

「うん。他の投手のことを、先発の座を争う『ライバル』ではなく、協力し合う『仲間』ととらえてほしいの。例えば庸太郎くんが投げるときは、たとえ打たれたとしても、同じ先発投手のあなたが代わりに出ていくということはないのよ」

「……はい」

「だとしたら、隼人くんに求められるのは、普段の練習から庸太郎くんと競うのではなく、彼の実力を引き上げてほしい——ということ。協力し合って、全体として伸びていってほしいの。それが、チームの一員としての役割を担う——っていうことよ」

「なるほど。だったら任せてください。庸太郎とは、すでに型の教え合いとかしているんで」

「へえ。二人は仲がいいの？」

「仲は……いいですね。あいつとは気が合うんです」

「それは良かった。あ、でも、助け合うのは庸太郎くんとだけじゃないのよ。健くんや清史郎くんともそうだし、来年入ってくる下級生に対してもそう。とにかく、ピッチャー全員で役割分担して、お互いに助け合えるような関係を作って」

「分かりました！」

　そう言って、隼人は快活に頷いて見せた。

　一方、庸太郎は思い詰めたような顔をしていた。二人との面談で、彼は開口一番こう言った。

「ぼくは、このチームが心配なんです」

「どういう意味？」

「だって、ぼくをピッチャーに選ぶんですよ？　大丈夫ですかね……」

「何を言っているの！　監督さんや文乃先生が信じられないってこと？」

「いえ、そういうわけじゃないんですけど……でも、ぼくなんかがピッチャーを任されていいのかなと思って」

「いいも何も、実力で選ばれたんだからもっと自信を持って。そんなふうだと、周りも迷惑よ。だって、選ばれなかった選手もいるんだから」

「それは……確かに、ちょっと失礼でした」

「それに、庸太郎くんが一人で投げるわけじゃないんだし」

「えっ？」

「これは隼人くんにも話したんだけど、私たちのチームでは、先発投手のローテーション制度の確立を目指しているの。それが成し遂げられれば、高校野球にイノベーションを起こせると考えているから」

「はい」

「そこでだいじなのは、投手陣が『チーム』になるということ。誰か一人ではなく、みんなで実力を高めていく——ということよ」

「なるほど」

「だから、庸太郎くんは一人じゃないの。もし上手くいかなくても、他の誰かが助けてくれるわ」

「本当ですか？」

「ただしもちろん、他の誰かが上手くいかなかったら、今度は庸太郎くんが助けるのよ。そういう、お互いに助け合う関係を築いてほしいの」

「なるほど……」

「大丈夫？」

「……足を引っ張らないよう、がんばります」

そうして結局、庸太郎は最後まで浮かない顔をしていた。

それから、選手たちはポジションに合わせた練習を行うようになった。投手は投球練習をし、野手は守備練習をした。

ただし、そこでも型の練習は継続された。例えば守備練習では、ノックをするより守備位置についた状態でのキャッチボールをする時間の方が長かった。

さらに、打撃練習をほとんど行わなかった。特に「ボールを打つ」練習を一切行わず、代わりに「ボールを見極める」練習が行われた。バッターボックスに入って、ただボールを見ることをくり返したのだ。

「ボールを見極める」というのは、正義が考案したバッティングの型の一つだ。バッティングというのは、強く弾き返すための正しいスイングもだいじだが、それ以前にボールを見極めることが必要だった。

なぜなら、ボールを見極められなければバットに当てることもできず、そうなると、たとえ鋭いスイングをしても意味がないからだ。

そこで選手たちは、ボールをじっくりと見てその軌道を予測するという、「目を鍛える練習」をしていった。ここでも、名選手のフォームが型として用いられた。一二人の選手たちは、大リーグの往年の名選手だったバリー・ボンズとデレク・ジーターのボールを見送る仕草を真似しながら、その練習に取り組んだのだ。

一方、真実と夢の面談はその後も継続していった。今度は投手以外の選手たちの話を聞いた。

するとそこで、多くの選手たちがバッティングについての不安を口にした。

「ボールを全く打たないままで、本当に大丈夫なんでしょうか？　試合でちゃんと打てるでしょうか？」

そこで真実は、以前に智明から聞いてあった元プロ野球選手、桑田真澄《くわたますみ》の話をした。

「桑田さんは、プロに入ってからほとんどバッティング練習をしなかったそうよ」

「そうなんですか？」

「うん。代わりに、キャッチボールのときにバッティング練習をしたんだって」

「……どういうことでしょう？」

「ボールを捕るというのは、ボールを見極め、それをグローブでとらえる――という行為でしょ？　桑田さんによると、バッティングというのはそのグローブがバットに替わっただけなんだって。だから、キャッチボールのときから『ボールを見極めること』と『それをとらえること』を意識していたら、バッティングの練習にもなったって。実際、桑田さんはそれで、投手としては破格の打撃成績を残したからね」

そのため選手たちは、この話を参考に、キャッチボールのときにもボールを見極めること、そしてそれをとらえることを意識するようになったのだ。

26

それから瞬く間に一ヶ月が経過し、とうとう夏の大会が開幕した。二五年ぶりの出場となった浅川学園は、もちろんノーシードではあったが、抽選で二回戦からの登場となった。

その初戦の前日、野球部マネジメントチームのリーダーである児玉真実は、天空グラウンドで行われた練習後のミーティングで、選手を含めた全ての部員を前にこう話した。

「いよいよ、明日から夏の大会が始まります。ですが、特別なことは何もしません。それは、シンプルにスタートするためです。ドラッカーはこういっています――」

イノベーションに成功するものは小さく、しかもシンプルにスタートする。（一二七頁）

「私たちは今日まで、ずっとイノベーションについて考えてきました。そして、さまざまなことを計画してきました。この大会は、それらを実行する場にしたいと考えています。きっとそこで、いろんな結果が得られるはずです。もちろん失敗もあるでしょう。ですが、その失敗こそが、今後の調整や変更の貴重な資料となるのです。だから、失敗を怖れずに取り組んでください。むしろ、失敗することを一つの目標とするくらいの気持ちでお願いします」

そうして、いよいよ初戦を迎えたのだ。

ところがそこで、浅川学園は「予期せぬ出来事」に遭遇する。予想に反して、快進撃を見せるのだ。

二回戦をコールド勝ちすると、続く三回戦を投手戦の末に粘り勝ちする。すると勢いがつき、四回戦に続いて五回戦も突破した。そうして、あれよあれよという間にベストエイトに進出したのだ。

この快進撃の背景には、いくつかの「予期せぬ成功」があった。まずは、打線の思わぬ活躍があった。

これまで浅川学園は、ボールを打つ練習を一切行ってこなかった。だから、打線が活躍することを誰も——選手本人たちですら期待していなかった。

ところが、蓋を開けてみると打ちまくった。それは、これまで三ヶ月間をかけてみっちりスイングを磨き上げてきたからというのもあったが、もう一つはボールを打たなかったことによりそれに飢えていた——という正義の「トム・ソーヤーのペンキ塗り」効果もあった。

さらに、浅川学園の選手たちはそのほとんどが中学時代に控えだった。そのため、出場機会を求めて新興のこの学校に来た者が多く、彼らは試合に出ることにも飢えていた。それもあって、打線が爆発したのだ。

特に、二線級の投手に対する破壊力は凄まじかった。それは、ボールの見極めが上達したこととスイングが安定したことにより、打ち損じが減ったからだ。甘いボールを確実にとらえられるようになった。

その反面、一線級の投手には弱いという側面も露わになった。球速の速いボールや鋭い変化球など、見極めが難しいボールに対してはなかなか打つことができなかった。

そこでは「地力の差」というものが如実に出てしまった。浅川学園が練り上げてきた打撃の型は、実力が拮抗した相手になら強さを見せたものの、実力差の大きい相手にはなかなか通用しなかった。

この「一流投手に対して弱い」という特徴は、以降、浅川学園打線の課題の一つとなっていく。

一方、隼人と庸太郎の二人の先発投手も、打線と同様に活躍した。特に、先発投手の二番手だった庸太郎が目覚ましいピッチングを見せた。

初戦、隼人が先発して大勝した浅川学園は、三回戦、今度は打って変わって苦戦する。打線が相手エースの速球に苦しめられたのだ。そこで、一線級に弱いという側面が早くも露呈する格好となった。

しかし、浅川学園の先発だった庸太郎も、相手打線を寄せつけなかった。特にフォアボールを一つも出さないなどコントロールが冴え、九回まで〇を並べた。

試合は結局、九回裏に相手エラーで待望の一点を挙げた浅川学園がサヨナラで勝利を収めた。

さらに、庸太郎にとって二度目の登板となった五回戦の投球は圧巻だった。三塁を踏ませぬ好投で、二試合連続完封を成し遂げたのだ。

この試合、相手は甲子園にも何度か出場したことのある強豪校だった。だから、誰もが負けることを予想していたので、その中での快投はインパクトが大きかった。

試合が終わると、浅川学園のもとにはたくさんの報道陣が詰めかけた。そこでは監督の正義とともにヒーローとなった庸太郎も質問攻めにされた。その記事は、翌日の新聞の地方欄はもちろん、全国版のスポーツ紙にも取り上げられたほどだった。

この二人の先発投手の活躍は、「トム・ソーヤーのペンキ塗り」効果というよりは、正義の考案したモノマネ練習が功を奏した結果だった。二人は、大リーグで活躍する上原浩《うえはらこう》治《じ》投手の投球フォームを型とし、これを徹底的に真似ていたのだが、それによってある変革を成し遂げていた。

それは、制球力が劇的に向上したことだ。上原投手の最大の特徴はコントロールの良さにあった。そのフォームを型として取り入れたことで、二人のコントロールも飛躍的に向上したのだ。

コントロールが良くなると、いいことがいくつもあった。

まず、球数が少なくなるから体力を温存できた。また、フォアボールも少なくなるから相手に点を取られる確率も減った。さらに、後ろで守っている野手にはリズムが生まれ、守備が良くなったりバッティングが良くなったりした。

このように、コントロールが良いことは一石三鳥、一石四鳥の効果があった——つまりアイデアだったのだ。

そうして浅川学園は、いきなりベストエイトに進出した。その準々決勝の相手は、昨年度の西東京の代表校で、かつて二度も全国優勝を成し遂げたことのある、あの私立滝宮高校だった。

滝宮高校は、今年も第一シードに選ばれた優勝候補の筆頭だった。また浅川学園にとっては、昨年から何度か練習試合にグラウンドを使ってもらった縁の浅からぬ相手でもあった。

そのため、この試合を誰よりも喜んだのは浅川学園のマネージャーたちだった。それは、こうしてトーナメントの高い位置で対戦することで、グラウンドを使ってもらったことの恩に報いられると思ったからだ。

浅川学園のマネージャーたちにとって、この試合の勝敗は大きな問題ではなかった。それよりも、これまで培ってきたイノベーションが前年度の王者に対してどこまで通用するか――それを測る絶好の機会ととらえていた。

そこでは、さまざまなことを経験したり、情報を得たりできるはずだった。それらは、今後のイノベーションの貴重な資料となるはずだ。つまり、試合そのものを大きな機会ととらえていたのである。

そうして迎えた試合は、五回戦で庸太郎の快投が大きく報道されたこともあって、数多くの観客が詰めかけた。おかげで、舞台となった神宮球場は内野席が満員となるほどだった。そこに詰めかけた観客たちも、浅川学園のマネージャーと同様、この試合を心待ちにしていたのである。

ところがそこで、またもや予期せぬ出来事が起こる。先発予定だったエースの隼人が、試合当日の朝になって急に「投げられない」と言い出したのだ。理由は「お腹が痛むから」

とのことだった。

その試合は、朝の八時半が開始時刻だった。そのため、浅川学園野球部は朝六時に学校の正門前に集合し、そこからマイクロバスで球場へ向かう手はずになっていた。球場までは約一時間の道のりだ。

ただ、夢たちマネージャーは念のため五時半に集合することとなっていた。万が一のことが起きたとき、早めに対応するためだ。

おかげで、夢は四時に起きることとなった。ただし、緊張と興奮からか目が冴え、起きたときにもあまり眠くはなかった。

起きてすぐは、夏至を過ぎたばかりの時期とはいえさすがに薄暗かった。それでも、出かける頃にはすっかり空も白んで、夢はその夏の朝陽に照らされた人通りがほとんどない浅川の土手道を歩きながら、今日の試合についてあれこれと思いを巡らせていた。

そうして、学校に着いたのは待ち合わせより一五分も早い五時一五分だった。そのときはまだ誰も来ていなかったが、そこからぽつぽつとマネージャーたちが集まって、次いで部長の文乃、それに選手や監督も登校してきた。

やがて、集合時間の朝の六時が近づいてきた。この頃になるとマイクロバスも到着し、浅川の水面に反射するキラキラとした朝陽に照らされながら、今や遅しと出発のときを待っていた。

しかしこのとき、先発予定の隼人だけがまだ来ていなかった。そうして時刻は、とうとう六時を過ぎてしまった。

それで夢は、慌てて隼人に電話をかけた。彼は遅刻の常習犯だったので、遅れるのはけっして珍しくはなかったが、さすがにこのときはそれを安閑《あんかん》と待っているわけにはいかなかった。

しかし、隼人は電話に出なかった。それで夢はますます不安を募らせたのだが、五分を過ぎた辺りでようやく土手道を駅の方から歩いてくる彼の姿が見えた。

それで夢は、たまらず駆け出すと隼人のそばまで行って、こう声をかけた。

「隼人くん、お早う！　どうしたの？　大丈夫？」

夢は、隼人が緊張から眠れず、寝坊して遅刻したのかと思った。それでそう声をかけたのだが、ところがそこで、思わぬ返事を聞くこととなる。

「あ、夢さん——ちょうど良かった。実は、ちょっとお話ししたいことがあって——」

それで夢は、急に不安な気持ちにさせられた。隼人からそんなふうに切り出されたことは、これまで一度もなかったからだ。

「なに？　どうしたの？」

そう尋ねた夢に対し、隼人はお腹を押さえながらこう答えた。

「実は、朝からずっとお腹が痛くて――」

「えっ？」

「それで、今日はちょっと投げられそうにないんです」

「ええっ！」

それで夢は、頭の中が真っ白になってしまった。何をどうすればいいのか、全く分からなくなった。

ただ、とりあえず（真実に報告しなければならない）ということだけは分かった。そこで、踵を返すと真実のもとへ駆け寄り、たった今隼人から聞いた言葉を彼女に伝えた。

ところがそこで、今度こそ夢にも思わなかった出来事と遭遇する。隼人の言葉を伝えた瞬間、真実が激怒したのだ。

27

真実は激怒した。

夢から話を聞くと、お腹を押さえながら立っていた隼人のもとにつかつかと歩み寄り、彼を真っ直ぐに見据えながら低い声音でこう言った。

「もし今日投げられないというのなら、今すぐに野球部を辞めてもらいます」

それで、夢はびっくりした。真実がそんなふうに怒るのを初めて見たからだ。

それは他の部員たちもそうだった。真実の様子にただならぬものを感じ、全員が息を飲んだ。そのため、学校の正門前は水を打ったように静まり返った。

その静寂を破って、ようやく隼人が口を開いた。

「それは……どういう意味でしょうか?」

すると、真実はしばらく何も言わなかった。それで夢は、その黙っている真実を見てみたのだが、そこで再び驚かされた。彼女の顔が、真っ赤に染まっていたからだ。

真実は懸命に怒りを抑えていた。怒るのを我慢しようとして、顔が真っ赤になっているのだ。それは夢でもすぐに分かった。

しかし夢には、なぜそれほど真実が怒るのか、分からなかった。それで、慌てて彼女のもとへ駆け寄ると、その肩に手をかけこう言った。

「真実――どうしたの?」

しかし、それがきっかけとなったのか、真実は隼人をにらむとこう言った。

「この野球部は、イノベーションを行うことが目標なの。そのためには、失敗がとても重要なのよ。そのことは、これまでにも何度となく伝えてきたよね？」

　そう問われ、隼人は戸惑いながらも頷いた。

「え、あ、はい……」

「だったら、なんで投げるのをやめるの？」

「え？」

「あなたが投げなかったら、せっかくの失敗の機会が台無しになるじゃない。そこで経験や情報が得られないじゃない――」

　そこで真実は、一吸置くとなおも続けた。

「――つまり、野球部に大きな迷惑をかけることになるのよ？」

　すると隼人は、戸惑った表情のままこう言った。

「そうですか？　でも、逆に調子が悪いまま投げることの方が、みんなに迷惑かと」

「え？」

「野球は――いやスポーツだったらなんでも、試合をする以上、最も調子の良い選手を起用するのは当たり前のことですよね？　ぼくは今日、調子が悪くてまともなピッチングをできそうにありません。それでなくとも、ここのところは庸太郎の方がよっぽど調子がいいんだし。しかも、相手はあの滝宮ですよ。もし勝とうと思うなら、いえ、まともな試合にしようと思ったら、常識的に考えて、彼が投げる以外、他に選択肢はないんじゃないでしょうか?」

それを聞いた真実は、しばらく啞然とした表情で隼人を見つめた。

それから、やがて静かに首を横に振るとこう言った。

「……あなたは、何も分かっていないのね。ここに来て、今さらそんなことを言うの?私たちは、あなたが言うその『常識』を打ち破るのが目的で、ここまでやってきたんじゃない。先発投手のローテーション制度を確立するという常識外れのことをして、高校野球界そのものを変えるためにやってきたんじゃない。だから、たとえ天地がひっくり返ろうと、庸太郎くんを投げさせるわけにはいかないの。そんなことも分からないの?」

それを聞いた隼人は、しかしなおも戸惑いの表情を崩さなかった。それで、真実は再びこう言った。

「あなたは、どうやらこの野球部に相応しくないようね。やっぱり、辞めてもらうしかないわ」

するとそのとき、心配して近づいてきた洋子が言った。

「でも、病気なら仕方ないいんじゃないかしら。庸太郎くんが投げるかどうかは別にして、代わりのピッチャーを立てないと」

「いえ――」と真実は、そう言った洋子の方は見ず、隼人をにらんだままこう言った。

「これは、病気どうこうの問題じゃないわ。マネジメントの真摯さにかかわる問題なの」

それから、洋子を見るとこう言った。

「コリンズは、『人材は最重要の資産ではない。適切な人材こそがもっとも重要な資産』だって言った。不適切な人材はバスから降ろすべきだ――って」

そして、もう一度隼人を見るとこう続けた。

「私、そのことの意味が今、よく分かった。不適切な人材は、イノベーションを台無しにするんだ。みんなの努力を、一瞬で無に帰してしまう。だから、もう投げなくていい。もうバスに乗らなくていい。もう二度と、野球部にかかわらなくていい」

するとそのとき、今度は庸太郎が「あの……」と控えめに声をかけた。

「……ぼくだったら、大丈夫です。投げます。隼人の調子が悪いのなら、助けるのがチームメイトだと思うんで」

しかし真実は、それに対しては返事をしなかった。ただ絶望の表情を色濃くさせ、深い溜め息をつくと肩を落とした。

すると、そのときだった。夢が突然、口を開いた。

「あの！」

それで、全員がびくっとして夢を見た。ただ、真実だけは夢を見なかった。彼女は下を俯いたままだった。

それでも夢は、言葉を続けた。

「これも……これも一つの『予期せぬ出来事』なんじゃないかしら？」

「え？」と洋子がそれに応じた。

そのため夢は、今度は洋子を見ながらなおも言った。

「だって、こんなこと誰も予想してなかったでしょ？　まさか、隼人くんがお腹が痛くて投げられないとか、それに、真実が怒ったりとか……」

そこで夢は、真実の表情をちらりと窺った。しかし真実は、なおも俯いたままだった。

そのため夢は、さらに続けた。

「……私たちは、これをイノベーションの機会にできるんじゃないかしら。例えば、『失敗がだいじ』ということも、言葉では伝えていたけど、みんなにちゃんと浸透していなかった――ということが分かったじゃない。これだけでも収穫だと思うの」

それから、みんなの方を振り向くとこう言った。

「それに、これって私たちマネジメントチームの失敗でもあると思うの」

「え？」と再び洋子が聞いた。それに対し、夢が言った。

「野球部の定義とか、イノベーションの目標とか、失敗に対する考え方とか、隼人くんや庸太郎くんにちゃんと伝えられていなかったのは、私たちマネージャーの失敗でもあると思うの。だから、辞めるとか辞めないよりも、この失敗をどう活かせばいいのかということを、これからみんなで考えていくべきなんじゃないかな。もちろん、試合で失敗することも貴重な経験とは思うけど、試合前のこういう出来事も、これはこれで貴重な経験だと思うの」

それを聞いて、みんなは再びしんと静まり返った。

正義と文乃は、その間、何も言わなかった。二人は口を挟むことなく、事の成り行きを見守っていた。

すると、やがて真実が顔を上げた。それから、ゆっくり夢の方を振り向くとこう言った。

「……夢」

「え？」

「……あなたは正しい」

「え？」

「あなたは正しい。あなたが言っていることは、その通りだと、私も思う」

「だったら──」

と、夢が言いかけたときだった。真実が、それを遮るようにしてこう言った。

「だから、私はマネージャーを辞める」

「え?」

「間違っていたのは、私だった。イノベーションを台無しにしようとしていたのは、私だった。不適切な人材とは、私のことだったんだ」

「えっ……」

「バスを降りるべきなのは、私だった。だから私は、今をもってマネージャーを辞めます」

そう言うと、真実はそのまま土手道を、駅の方へと駆け出した。そうして、見る間にみんなから離れていった。

それで、洋子と五月が慌ててその後を追いかけた。しかし、二人はともに追いつくことができなかった。それもそのはずで、真実は中学時代、陸上部の長距離選手だった。やめてからしばらく経つとはいえ、その健脚は衰えていなかった。

そして夢は、その真実を追いかけることすらできなかった。彼女はただ、呆然とその場に立ち尽くしていた。

28

結局、準々決勝には真実と隼人抜きで臨むこととなった。隼人も、お腹が痛いということでそのまま家に帰ってしまった。

試合は、救援投手の草岡健が先発した。しかし早々に打ち込まれると、それを引き継いだもう一人の救援投手である大家清史郎も流れを止められず、五回までで一〇点を失った。

一方、打線も将来のプロ入りが有力視されている滝宮の二年生エース、浦島幸太郎《うらしまこうたろう》の前に、得点はおろか一本のヒットを打つこともできなかった。そうして試合は、五回コールドであっさりと敗れてしまった。

ただ、完敗したとはいえ一年生だけでベストエイトまで勝ち上がった浅川学園には、スタンドから惜しみない拍手が送られた。それでも、試合後の部員たちの表情は暗かった。それは、試合前の出来事がみんなの心に影を落としていたからだ。

そうしてその影は、予想以上に尾を引くこととなった。

まず、真実が本当に野球部に来なくなってしまった。彼女は、放課後になるとそそくさと支度を済ませ、すぐに帰るようになった。おかげで夢は、またしても教室の窓からそれを見送ることとなった。

帰っていく真実を見つめながら、夢は何度となく自問した。

(どうしてこんなことになったのだろう?)

それから、こう独りごちた。

(私はただ、真実と仲良くしたかっただけなのに……)

真実が隼人に辞めるよう迫ったとき、夢が口を挟んだのは、真実をかばおうとしたからだ。そのときの真実が、さすがに言いすぎではないかと思ったのだ。だから、咄嗟に話をそらそうとした。

しかしそれが、かえって真実の気持ちをこじらせてしまった。そうして、彼女が野球部を辞めるという最悪の事態につながった。

おかげで夢は、自己嫌悪の念にも駆られた。そうして、何度となく(自分も野球部を辞めよう)と考えた。真実がいない今、部にいる意味はないように思えた。

しかし一方では、なかなかそれを決断できないでいた。それは、今辞めてしまったのではあまりにも無責任に思えたことと、もう一つは、そういう形で辞めたとしても、真実が喜ばないと思ったからだ。

真実には一面にドライなところがあった。だから、友だちが自分の後を追いかけて部を辞めるというのは、かえって負担になるのではないかと考えたのだ。

そのため夢は、続けるという決断も辞めるという決断も下すことができず、そのジレンマに苦しめられた。

さらに夢には、このときもう一つ心を苦しめていることがあった。それは隼人のことだ。隼人も、真実と同様あの準々決勝の朝以来、ぱったりと姿を見せなくなっていた。

隼人については、友人の庸太郎が何度となく練習に来るよう説得を試みていた。ただ、色良い返事は得られないまま、時間だけが経過していた。

夢は、人事担当として一度隼人と直接話をしなければならないと考えていた。しかし、隼人の方から避けられて、なかなかそのチャンスを得られずにいた。

そうしてあっという間に二週間が過ぎた。夏の地区予選はすでに終わって、滝宮高校が二年連続の甲子園出場を決めていた。学校も夏休みに入り、野球部では校舎を使って合宿練習が行われていた。

そのとき、夢は部長の文乃から呼び出された。そこで職員室横の応接室へ行くと、こんなふうに切り出された。

「実は、児玉さんのことなんだけど――」

「はい」

「来なくなって、どれくらい？」

「二週間です」

「そう……。それで、部の方はどう？」

「え？」

「マネジメントに、何か支障は起きている？」

「そうですね――」

と夢は、少し考えてからこう答えた。

「もちろん、雰囲気が明るいとはいえませんが、実際的な問題は、特に何も起きていませんん」

「そうなの？」

「ええ……実はそのことについて、この前のマネージャー会議でも話題になったんです。真実が来なくなったことの弊害が、何かあるか――って。ところが、そこでいろいろ話したんですけど、最終的には『驚くほどない』という結論になりました」

「へえ……どうしてだろう？」

「それは、たとえ真実がいなくても、マネージャーや選手にはそれぞれ自分のするべき仕事が分かっていて、それに取り組んでいれば、とりあえず現場は回っているからだと思います」

「ふむ、面白い――」と、文乃は頷いて言った。「ドラッカーがいう『マネージャーの条件』の一つは、たとえそのマネージャーがいなくなったとしても、組織が回り続けるようにする――ということなのよ」

ロシアでスターリンの死後に起きたように、また、あらゆる企業で常に起こっているように、優れたリーダーは、自らの退任や死をきっかけにして組織が崩壊することは、もっとも恥ずべきであることを知っている。（『プロフェッショナルの条件』一八六頁）

それに対して、夢はこう答えた。

「なるほど……その意味で真実は、恥を知っているマネージャーだった――というわけですね。私、最初は『真実がいなくなったらこの野球部はおしまいだ』と思っていたんですけど、全然そんなことはありませんでした……」

「それは、でも、素晴らしいことね」

「ええ……ただ、とても寂しいことでもあると思うんです。先生――」

「ん？」

「マネジメントって、人の居場所を作るのが仕事ですよね？」

「そうよ」

「でも、さっきのドラッカーの言葉によれば、『自分の居場所をなくする』というのも、マネジメントの仕事ということになりませんか？」

「え？」

「だって、『自分がいなくても組織が回るようにするのがマネージャー』だったら、自分の居場所をなくする――ってことが正解じゃないですか」

「確かに！　岡野さん、面白いこと言うわね。『イノベーションのジレンマ』ならぬ『マネジメントのジレンマ』か……本にしたらヒットしそう」

　そう言って、文乃は持っていたノートを開くと、興奮気味に何かを書きつけた。

　しかし夢は、落ち込んだ声音のままこう言った。

「いえ、ちっとも面白くありません――」

「えっ？」

「そんな悲しいことって、ないんじゃないでしょうか。まるで『泣いた赤鬼』です。赤鬼の人間との友情のために自分の友情を犠牲にした青鬼のように、真実も、みんなの居場所のために自分の居場所を犠牲にしたんです……」

それで文乃も、慌ててノートを畳むと夢に向き直ってこう言った。

「――そ、そうね。岡野さんの言う通り、マネジメントは、本質的には『悲しい仕事』なのかもしれない」

「……」

「だからこそ、ドラッカーはくり返し『真摯さ』が必要といったんだと思う。そういう仕事は、真摯な人間にしかできないから」

「それでいうと――」と夢は言った。「一つ質問があるんですけど」

「なに？」

「先生の『もしドラ』の中にも出てきたんですけど、ドラッカーは真摯さを『学ぶことのできない資質』といっていたじゃないですか。ということは、生まれつき真摯さを持っていない人間は、マネージャーをするべきじゃないということですか？」

「それは、難しい質問ね……」

そう言うと、文乃はしばらく考えてからこう答えた。

「それは、一面にはその通りかもしれない。だけど、本当に真摯さがないかどうか、実際には誰にも判断できないと思うの。例えば、岡野さんに生まれつき真摯さがあるかどうかって、誰か判断できる人はいる？」

それに対し、夢はしばらく考えてからこう答えた。

「……いえ、いないと思います」

「そうよね。だとしたら、たとえ今は真摯さがないように見える人でも、それはただ隠れているだけで、いつか出てくるかもしれないじゃない。だから——」

「？」

「それがあると信じて、やるしかないんじゃないかな」

「……そうなんですね」

「ところでね、岡野さん。今日はあなたに、一つお願いしたいことがあるの」

「……なんでしょう？」

「あなたに、児玉さんの後を承けて、マネジメントチームのリーダーになってほしいの」

「ええっ？」

第八章　夢はイノベーションの機会に集中した

29

驚いた夢に対し、文乃は言った。

「実は昨日、児玉さんと話したの」

それで夢は、なおも驚いて言った。

「そうなんですか！」

「うん。しばらくは見守ろうとも思っていたんだけど、やっぱりこのままだといけないと思って、彼女に『野球部に戻ってこない？』って聞いてみたんだ」

「……彼女、なんて言ってました？」

「児玉さんが言っていたのは、『人間には背骨がある』っていうことだった」

「背骨？」

「うん。人間には、それを絶対に曲げることのできない信念のようなものがある――って。それを彼女は『背骨』って表現していたんだけど、彼女にとってそれは『正しさ』なんだって。彼女は、自分が正しいと思うことに対しては、どうしても背くことができないって」

「なるほど……」

「それで、中学のときも陸上部を辞めた経験があるとか」

「そうなんです。彼女、本当に頑固なところがあって……」

「ただね、児玉さん――思ったよりも冷静だった」

「そうなんですか？」

「うん。彼女の中で、実は前々から考えていたんだって。自分はマネージャーに向いてない――って」

「えっ？」

「彼女の中には、いつも『こうするべき』っていう正しさの基準があって、そこから外れた人をどうしても許すことができない――って。そこでは、顧客からスタートすることができない――って」

「……」

「それでも、これまでは騙しだましやってきたけど、この前の一件で、堪忍袋の緒が切れた――って。だから、辞めるタイミングを探していたところがあった――って。いずれにしろ、夏の大会が終わったら辞めるつもりだった――って」

その言葉に、夢はショックを受けてこう言った。

「そんな……私、そんなこと、全然気づきませんでした……」

するとこのとき、夢はハッと気づかされた。それは、これまで自分が、真実の居場所について考えたことが一度もない――ということだった。それを気にかけたことすらなかった。

それで、夢は呆然とした。どうしてこんな重要なことに気づかなかったのか――と、強い自責の念に駆られた。

（私は、真実の居場所を考えたことが一度もなかった。それは、真実には当然のように居場所があるだろうと考えていたからだ。彼女はむしろそれを作る側の人間で、誰かに作ってもらう必要はないと高をくくっていた……）

しかし、事実は違った。真実はいつしか、自分がマネージャーに向いていないという思いに苦しめられていた。そして、それを誰にも打ち明けられないまま、野球部の中で居場所を見失っていたのだ。

夢は、深い溜め息をつくと頭を抱え込んだ。これまで自分のしてきたことが、全部無意味であったように思えた。途方もない虚無感が全身を包み込んだ。

すると、そんな夢を見て文乃が言った。

「私、児玉さんの気持ちも、よく分かるの」

「えっ?」

「私もそれで、苦しんだことがあったから」

「そうなんですか?」

「私も高校時代、マネージャーをしていて、部員がちっとも成長しないことに悩んでいたの」

「……はい」

「そのときに思ったのは、『マネジメント』と『教育』は、実は逆なんじゃないか——ということ」

「マネジメントと教育が、逆……ですか?」

「そう。マネジメントというのは、弱みに着目せず、これを組織の中で中和する。けど、教育というのは弱みに注目して、これを克服させようとする。成長というのは、単に強みを伸ばすということだけではなく、弱みを克服することも含まれているからね。だから、マネジメントと教育というのは、そもそも全く異なることをしているんじゃないか――って思わされたの」

「なるほど……」

「それでね、これが例えば大人ばかりが集まった営利企業だとしたら、そこでマネジメントに集中し、教育をしない――ということもありだと思うの。そこでだったら、コリンズがいうように、組織にそぐわない人間をバスから降ろしてもいい」

「……はい」

「だけど、それを高校の野球部でするわけには、やっぱりいかないわ。高校の野球部で教育をしないわけには、やっぱりいかないもの。弱みがあれば、それを克服させようとしなければならない。そこで成長を促さなければならないの」

「はい」

「だから、たとえ組織にそぐわないからといって、バスから降ろすわけにはいかないのよ。彼らを見捨てることは、絶対にしてはならないわ」

「――なるほど」

「私は高校時代、それができなくて苦労したの。どうすればみんなが成長するのか分からなくて、失敗してしまった」

「あ、じゃあ――」と夢が言った。「真実も、それで苦しんだということですか？　彼女も、野球部のみんなを成長させられなかったから辞めたんですか？」

「成長させられないというより、教育をしたくなかったんでしょうね。たとえ相手が間違っていると思っても、それを直せとは言いたくなかった。いえ、言えなかった。だって、ドラッカーは『マネジメント』にこう書いているから」


強みよりも弱みに目を向ける者をマネジャーに任命してはならない。できないことに気づいても、できることに目のいかない者は、やがて組織の精神を低下させる。（『マネジメント【エッセンシャル版】』一四七頁）

「――彼女は、最後までマネージャーであろうとしたんじゃないかな。そして、それが限界に達したんで、辞めるという決断になったんだと思う」

「なるほど……」と夢は、腕を組んで考え込んだ。それから、顔を上げるとこう言った。「じゃあ、教育をすればいいとなったら、彼女は野球部に帰ってきますか？」

すると文乃は、首をひねりながらこう言った。

「それは分からないけど……ただ、もうマネージャーはしたくはないんじゃないかな。私も確かに、彼女はマネージャーに向いていないところがあると思って……」

「そうなんですか？」

「うん。これは『もしドラ』にも書いた私の先輩のみなみさんのことなんだけど、彼女は、人を育てるのが抜群に上手かったの。彼女のもとで、私を含めた多くの部員たちが成長していった」

「へえ！」

「部員だけではなく、監督さんも成長したくらいだから」

「そうなんですね！　みなみさんは、そこでどんな教育をしたんですか？」

「うん。これは、ちょっと逆説的なんだけど、彼女は教育をしなかったの」

「……どういう意味ですか？」

「彼女は、絶対に人の弱みに着目しなかった。いいえ、そもそも人の弱みというのがほとんど気にならない性格だったの」

「……はい」

「それで、そのことには触れずに、人の強みに集中したの。そうしたら、周りの人は自然と自分の弱みが恥ずかしくなって、それで成長したということがあったと思う」

「へえ――」

「これは私もそうなんだけど、児玉さんも、どうしても人の弱みが気になっちゃうところがあるのよね。そういう人は、そもそもマネージャーには向いていないのかもしれない」

「なるほど。……でも、どうしてみなみさんが弱みに触れないと、周りの人は恥ずかしくなったんですか？　どうして成長しようと思ったんですか？」

「それは……みなみさんの背中を見ていたからかもしれない」

「背中？」

「うん。みんな、マネジメントしているみなみさんの背中を見て、彼女がそれを命懸けでしているというのが分かった。だから、自分も変わらなきゃ――って思ったのかもしれない」

「なるほど……」

「その意味で、岡野さん――」

「はい？」

「あなたは、マネージャーに向いていると思うの」

「ええっ！　どうしてですか？」

「一つは、たった今言った『人の弱みが気にならない』ということ。それが自然とできるようじゃないと、そもそもマネージャーをするのは難しいと思うのよ」

「気にならない……というか、私が弱みだらけの人間なんで、気にする資格がない――っていうだけです」

「それに、みなみさんと一緒で、一生懸命やるところ」

「いえ――」と夢は、首を横に振って言った。「それも、単に真実に喜んでもらいたい一心でしていただけなんで、けっして褒められたものではありません」

「うん。だから――」と文乃は、そこで体を前に乗り出すとこう言った。「その児玉さんのためにも、一肌脱いでもらえないかな?」

「えっ?……どういう意味ですか?」

「あなたに、もう一度児玉さんの居場所を作ってほしいの」

「ええっ?」

「それを、マネジメントチームのリーダーとしてやってほしいの。岡野さんには、これまで通り人事の仕事もしながら、リーダーを兼任してもらいたいと思っている」

結局、夢はこの申し出を引き受けることとなった。それが真実のためということなら、引き受けないわけにはいかなかったのだ。

30

そうして夢は、マネジメントチームのリーダーとなった。そこで彼女は、またしても(どうしてこうなったのだろう?)と首をひねることとなった。

夢はもともと、真実に誘われたから野球部に入った。人事の仕事も、彼女に請われるままにしていただけだ。

それが、何の因果か一番責任の重いリーダーを担わされることとなった。しかもこの頃の野球部は、再興した当初とは比べものにならないくらい人数も増えていた。

そんな組織をどうマネジメントしていけばいいのか、夢にはさっぱり見当がつかなかった。これまでは、そうしたときでも真実に聞けばその方向性を指し示してくれたが、今はもうそれをしてもらうこともできなかった。

ここにおいて、夢は「企業家精神の欠如」に苦しめられることになる。

そもそも夢には、新しいことを行うことに価値を見出す——という意欲がなかった。だから、野球部をリードして何か新しいことをするという気力がなかなか湧き上がってこなかったのだ。

そうなると、夢にできることというのは一つしかなかった。それは、これまでの仕事を継続する——ということだ。それはけっして企業家的とはいえず、あまり褒められたものではないかもしれなかった。ただ、幸い文乃からは人事の仕事も続けるように言われていた。

そこで夢は、あらためて野球部のみんなと面談することを決めた。ただし今度は、真実がいないため自分が話さなければならなかった。

そのことに、彼女は不安を覚えないわけではなかった。ただ、いくら考えてもその状況が改善することはなかったので、諦めて一人で面談することにしたのである。

そうして夢は、まずは監督の正義から話を聞くことにした。彼に、隼人のことを聞こうとしたのだ。

「隼人くんは、どうしたら野球部に戻ってきてくれると思いますか?」

夢がそう尋ねると、正義は腕組みをしながらこう答えた。

「あいつはもともと、自分の得意なことなら喜んでするけど、苦手なことはやりたがらない性格なんだよね」

「それは……どうしてでしょうか?」

「うん。一つにはプライドが高いというのがあるんだろうな。周りにみっともないところを見せるのがイヤなんだ」

「なるほど、そうなんですね……」

「うん――実は、前にあいつの中学のときの監督さんに話を聞く機会があったんだけど、そうしたら練習も休みがちだったらしいよ。特に体力強化の練習になると、お腹が痛いと言ってよく休んでたって」

「……」

「だから、いずれにしろこれから苦労させられるかな――と思ってたんだ。なにしろ、秋になったら本格的なランニングをさせるつもりだったからね。ピッチャーには、やっぱり走って足腰を鍛えることが不可欠だから」

「そうなんですね……。あの、監督さん――」

「ん？」

「そんな隼人くんを、部に連れ戻すための何かいい方法はないでしょうか？　彼を説得するための、何かいい言葉はないでしょうか？」

「説得か……。しかし走るのが嫌いなやつに走るよう言い含めるのは、なかなか難しいところがあるからなあ」

「そうなんですか？」

「うん。『走る』というのは、そもそもイヤな思いをすることで心身ともに鍛えられる――という性質があるからね。だから、イヤなことを喜んでするようなやつじゃないと、なかなか続けられないところがあるんだ」

「なるほど……あ！　それで監督さんは走るのが好きなんですね」

「えっ？」

「あ、いえ……」

「……まあ、とにかく、あいつはランニングには向いていないかもな」

「そうなんですね……」

「ただ――」

「え？」

「説得――ということだったら、前に『魔法の説得術』っていうのを聞いたことがあるけど」

「え？　それは……どういうものですか？」

「うん。例えば、あるところに腕のいい大工がいたとするだろ。そこに、二人の依頼者が来たんだって。一人は、『お金ならいくらでも出しますから、家を建ててください』と言った。もう一人は、『お金はそれほど出せませんが、この家を建てられるのは、世界であなたしかいません。だから建ててください』と言った」

「――はい」

「そうしたら、その腕のいい大工は、『世界であなたしかいません』と言われた方を引き受けたんだって」

「へえ！　どうしてでしょうか？」

「うん。人間ていうのは、『あなたしかいない』と言われると、それを粋に感じて取り組む意欲が湧くんだそうだよ。その逆に、『おまえの代わりはいくらでもいるんだ』と言われると、どんな優秀な人でも働く気をなくすって」

「なるほど……」

「だから、隼人に対して『おまえしかピッチャーはいないんだ！』って言ってやると、戻ってくるかもしれないね」

「確かに！」

「ただ、うちは先発投手のローテーション制度の確立を目指しているから、この手を使うわけにはいかないかもな」

「……確かに」

　そうして夢は、結局正義からは隼人を呼び戻すためのこれといったアイデアを得ることができなかった。

それでも彼女は、めげることなくなおも面談を続けていった。今度は、企画担当マネージャーの柿谷洋子のところへ行った。彼女に、何かイノベーションの機会がないか、聞いてみようと思ったのだ。

すると洋子は、こんなふうに言った。

「実は、最近ちょっと考えていることがあるんだ」

「なになに？」

「それはね、マネージャーの数をもっと増やしたい——っていうことなの」

「ええっ？」

「例えば、選手一人ひとりに専属マネージャーをつける——とか、それくらいしてもいいんじゃないかって」

それを聞いて、夢は驚いた。

「あ、それ、私も前に考えたことがある！」

「ほんと？」

「うん。選手のケアを本気でしようと思ったら、それくらいは必要かなって。だけど、そのときはやっぱりあまりにも非現実的かと思って、それ以上深くは考えなかったけど」

「確かに、ちょっと大がかりになってしまうところはあるけどね。これぱっかりは、『小さくスタートする』というわけにはいかないし……」

そう言った洋子に、夢はなおも尋ねてみた。

「洋子は、どうしてそれを思いついたの？」

「うん。それは……ほら、数年前に、甲子園で『おにぎりマネージャー』って話題になったでしょ？」

「え？　ああ……野球部の女子マネージャーが選手のためにおにぎりを二万個も握って、それがつまらない雑用で差別的だとか、ブラック企業的だって批判されたやつね」

「そう。でも私、差別的——っていうのは違うと思って」

「どうして？」

「だって、おにぎり握るのだって立派な仕事じゃない。その人が、そこに居場所を感じて、誇りを持って取り組んでいたら、それはけっして『つまらない雑用』ではないわ」

「確かに！」

「だから、問題なのは『握った数』の方じゃないかと思ったんだ」

「二万個ってやつ？」

「うん。少ない人数でたくさん握っていたから、『こき使われてる』という印象を持たれたのかも。これが適正な人数で取り組んでいたら、こんなふうに批判されることもなかったかなって」

「なるほど……」

「私、前から思ってたんだよね。例えば選手が一〇〇人いるような部でも、マネージャーが三人しかいないとか、バランスが悪すぎるって」

「確かに！　うちはマネージャーの数が他校と比べると圧倒的に多いけど、それでも足りないって感じることがあるもんね」

「そう！」と洋子は前のめりになってこう言った。「だから私、割と本気で、選手一人ひとりに専属マネージャーをつけたい――って考えてるんだ。そうすることによって、夢が言うように、選手一人ひとりの居場所もケアしてあげられるようになる。だから問題は、それをどう小さくスタートするか――ということなんだよね」

「なるほど……」

そのことについての結論は、結局ここでは出なかった。しかし夢は、何か大きなヒントを得たような気がしたのだった。

31

夢はなおも面談を続けていった。今度は、野球戦略担当マネージャーの木内智明に話を聞いた。

するとそこで、智明はこんなふうに切り出した。

「ちょうど良かった！」

「え？」

「実は、夢さんに一つお願いしたいと思っていたことがあるんです」

「なに？」

このとき夢は、その言葉はのんびり屋の智明にしては珍しいと思った。そこで、興味を持って彼の次の言葉を待った。

すると、智明はこう言った。

「実は……買ってほしいものがありまして」

「えっ？　何を？」

「それは……ピッチングマシンです」

「ピッチングマシンなら、うちにもあるじゃない？」

浅川学園には、前に野球部が活動していたときのピッチングマシンがまだ残されていた。それはもう三〇年も前に購入した古いものだったが、あまり使っていなかったということもあって、メンテナンスをしたら問題なく動いたのだ。

しかし智明は、ちょっと皮肉っぽい顔になるとこう言った。

「あんな古いのじゃなくて、もっと新しくていいのがあるんですよ！」

「『いいの』って？」

「実はこれなんですけど――」と智明は、用意してあった資料を取り出して説明を始めた。

「『トップガン』という名前なんです」

「トップガン？」

「はい。このマシンは、これまでのものとは違ってスプリットやチェンジアップが投げられるようになっているんです！」

「へえ……。それを投げられると何が違うの？」

「よくぞ聞いてくれました――」と智明は、今度はにやりと笑ってこう言った。「ぼく、前に真実さんに言われて高校野球の歴史を調べていたんです。そこで『構造の変化』を見つけてほしいって。そうしたら、イノベーションにつながるからって」

「うん。私もその場にいたから知ってるよ」

「あ、そうでしたね！　で、実は最近、それが見つかったんですよ」

「ええっ！」

「ぼく、野球界における一つの重大な『構造の変化』を見つけたんです」

「すごい！　……それは一体、どういうの？」

「ええ。これは、実は高校野球じゃなくプロ野球の話なんですけど、最近『最優秀防御率』の数字が下がってきているんです」

「最優秀防御率？」

「はい。二〇〇〇年くらいまでは二点台が当たり前だったんですけど、一〇年くらい前から一点台に下がってきたんですよ」

「へえ！　それは、バッター有利からピッチャー有利の状況にまた戻ったということ？」

「いえ、平均の防御率はそれほど下がってないんですけど、上位のピッチャーの防御率だけ下がってるんです」

「ほう……それはどうして？」

「はい。調べてみると、上位のピッチャーというのは、そのほとんどが変化球の名手なんです。それも、スプリットやチェンジアップといった、落ちるボールの使い手なんです」

「ほう」

「この『落ちるボール』というのは、一つの特徴があるんです」

「どんな?」

「それは、従来のピッチングマシンでは投げられなかった——ということです」

「へえ!」

「つまり、バッターはそのボールを練習で打つことができなかったんですね」

「なるほど! それで、そういうピッチャーの防御率だけ下がった——というわけね」

「その通りです! だから、それを投げられるようになったトップガンがあれば、高校野球にイノベーションを起こせるんじゃないか——と思って」

「じゃあ、それはドラッカーのいう『新しい知識を活用する』っていうやつね——」

ドラッカーは、イノベーションの第七の機会——つまり最後のものとして、「新しい知識を活用する」ということを挙げていた。

そこでドラッカーは、こんなふうにいっていた。


発明発見という新しい知識に基づくイノベーションは、いわば企業家精神のスーパースターである。たちまち有名になる。金にもなる。これが一般にイノベーションといわ

れているものである。（七八頁）

しかし同時に、こんなふうにもいっていた。

知識によるイノベーションは、その基本的な性格、すなわち実を結ぶまでのリードタイムの長さ、失敗の確率、不確実性、付随する問題などがほかのイノベーションと大きく異なる。さすがスーパースターらしく、気まぐれであってマネジメントが難しい。（七八頁）

そこで夢は、智明にこう尋ねた。

「そのトップガンを買えば、私たちも落ちるボールを打てるようになる——というわけでしょ？　だけど、そもそも高校野球には、それほど落ちるボールを得意とするピッチャーがいないんじゃない？　だって、プロでも上位に限られているくらいなんだから、それを打てるようになることの意味って、本当にあるかしら？　それこそドラッカーがいうように、実を結ぶまで時間がかかるんじゃないかな。だって、高校生が落ちるボールを当たり前のように投げられるまで、待たなきゃいけないんでしょ？」

　すると智明は、にやっと笑ってこう言った。

「さすが夢さん。よく分かってる――」

「えっ？」

「いや、その通りなんです！　だからぼくは、これを打者のために使おうとは思っていません」

「ええっ？　じゃあなんのために買うの？」

「ぼくは、これを投手のために使おうと思ってるんです！」

「……どういうこと？」

「ええ。これは実は、イノベーションの第七の機会である『新しい知識を活用する』ではなく、第六の機会である『認識の変化をとらえる』に基づいて考えたアイデアなんです」

「えっ？」

「『認識の変化をとらえる』の章で、ドラッカーはこういっています」


　コップに「半分入っている」と「半分空である」は、量的には同じである。だが、意味はまったく違う。とるべき行動も違う。世の中の認識が「半分入っている」から「半分空である」に変わるとき、イノベーションの機会が生まれる。（七〇頁）

「つまり——」と智明は続けた。「トップガンを、打つためではなく投げるために使うという『認識の変化』を用いると、そこにイノベーションの機会が生まれるんです」

「それは……どんな機会？」

「はい——」と智明は、ニコニコしながらこう言った。「以前、『ニコニコ生放送』で『電王戦』という将棋の対局が中継されました。これは、プロの棋士がコンピューター相手に将棋を指す——というものです」

「あ、知ってる。コンピューターが勝ったりして、話題になったやつだよね」

「ええ。そこで面白かったのは、棋士たちの感想だったんです」

「ほう？　どんな感想？」

「そこで棋士たちは、こう言ったんです。『これで、将棋も進化するのではないだろうか』って」

「へえ！　どうして？」

「その対戦で、コンピューターが人間には思いもつかないような手を指したんです。そうして勝ったんですよね。そのため、それを見た棋士たちもその手を研究したんです。すると、そのうちのいくつかが人間にも使える手だというのが分かったんです。つまり、人間にとっては手のバリエーションが増えた——というわけです」

「へえ！　面白い。対戦相手のコンピューターを、『敵』ではなく『成長のための道具』として使ったのね」

「そうです！　これこそまさに『認識の変化』を利用したイノベーションだと思うんです。将棋界には、『電王戦』をきっかけにイノベーションが起きた――というわけです」

「なるほど！」

「だから、ぼくはこのトップガンを利用して、野球界にイノベーションを起こせないかと考えました――」

32

そう言った智明に、夢は尋ねた。

「それは、一体どういうふうに？」

「はい。このトップガンは、例えば二〇〇キロのスライダーとか、一五〇キロのフォークとか、人間には絶対に投げられない球を投げることもできるんです」

「へえ」

「つまり、コンピューターの将棋と同じで、人間には思いもつかないようなボールを投げられる、というわけです」

「なるほど」

「だから、それを研究して、今度は人間がそれを投げられるようにすれば、イノベーションを起こせるんじゃないかと思って。将棋の棋士がコンピューターと対戦して新しい手を開発したように、ぼくたちはトップガンと対戦して新しい変化球を開発する——そういう事業に取り組んでみたいと考えているんです」

「なるほど、面白い！」

そこで野球部では、早速トップガンを購入することにした。というのも、このときの野球部には、夏の大会でベストエイトに勝ち進んだことで、少なくない額の寄付金が集まっていたからだ。そのためそれを、資金に充てることができたのだ。

それは、かつて野球部に所属していたOBたちから寄せられたものだった。野球部のOBたちは、四半世紀もの間、自分たちの出身部が消滅してしまっていたことにとても寂しい思いを抱えていた。だから、それが思いがけず復活し、しかも地区大会のベストエイトまで勝ち進んだことに、大きな喜びを覚えたのだ。

そこで彼らは、その喜びを寄付金という形で表してくれたのである。これもまた、野球部にとっては「予期せぬ成功」の一つとなった。

夢はさらに面談を続けていった。今度は、グラウンド整備担当の松葉楓と話した。彼女には、グラウンド整備におけるイノベーションの機会が何かないか、尋ねてみた。

するとと楓は、「これはイノベーションとは関係ないかもしれないけど――」と前置きした上で、一つの不満を口にした。

「正直、近頃マンネリになってるのよね」

「マンネリ……ですか？」

「うん。毎日同じことのくり返しだと、さすがに飽きてくるのよ。そこに発展性がないと、どうしても面白くなくなってくるわ」

「……なるほど」

「ほら、前に洋子がおにぎりマネージャーの話をしてたでしょ？　あれも、やっぱりただ握っているだけだと飽きちゃって、不満が出てくると思うんだ」

「ふむ――」と夢は、腕を組んで考えた。「マンネリを防ぐためには、どうしたらいいんでしょうか？」

するとと楓は、そんなの簡単だという顔になってこう言った。

「そこに変化があればいいのよ」

「変化——ですか？」

「うん。もっといえば『新しいこと』。『新しい知識』といってもいいかな。例えばグラウンド整備だったら、こういうやり方もあるとか、こういう情報もあるというふうに、そこで成長できるような要素があればいいの。それがあると、マンネリなんか感じている暇はないと思うわ」

「なるほど」

「私にとっては、花を育てることがそうなんだよね。花って、同じように育つことが本当になくて、いつも何かしらの発見がある。奥が深いんだよね。だからマンネリを感じないで済むんだ」

「すると、何かグラウンド整備の奥深さを見つける必要があるということですね——」

そこで夢は、今度は、今は渉外担当となった五月に頼んで、グラウンド整備のプロに学校で講演をしてもらうよう依頼した。そこでプロから話を聞くことで、整備班が新しい知識や技術を得ることができないかと考えたのだ。

それを受け、五月は試しにプロ野球の球場の整備を担当している会社にそれを打診してみた。すると驚いたことに、そこで快諾を得たのである。

そのため夢は、以前に文乃から聞いた「教わることが相手にとってのサービスになる」

という言葉を思い出した。教わることは、相手にとってもメリットが大きいのだ。

それで、これを整備班だけに聞かせるのはもったいないと思い、選手も含めた野球部全員で聞くことにした。

するとそこで、思いもかけず選手たちにとっても有用な話を聞くことができた。それは、整備というのはそもそもイレギュラーバウンドを防ぐためにするのが第一の目的なのだから、選手たちも守りにつくときそれを自主的にした方がいい。プロはみんなそうしている——というものであった。

そこで野球部では、試合中でもグラウンドを整備するよう、これをルーティン化し、選手たちに取り組ませていったのである。

これ以降、浅川学園野球部では、選手たちが試合中にグラウンドをならす姿が頻繁に見受けられるようになった。するとそれは、殊勝な姿勢ということでちょっとした話題を呼び、少なくない評価を得た。野球部としては、単に自分たちのためにしていたことだったが、そこで予期せぬ成功を収めることとなったのだ。

ちょうどこの頃、夢は、渉外担当の五月から一つの提案を持ちかけられた。

「実は、夏の大会が終わってから滝宮高校のマネージャーと仲良くなって」

「へえ！」

滝宮高校は、今年の夏の甲子園にも二年連続で出場した、西東京を代表する強豪であった。この滝宮と浅川学園とは、浅からぬ縁があった。昨年、何度か天空グラウンドを使ってもらったことに加え、夏の大会ではベストエイトで対決した。

五月は、その過程で滝宮高校野球部の女子マネージャーである乙部夕姫《おとべゆき》と何度か交流を持ち、いつの間にか仲良くなっていた。そうして、その夕姫からこんな提案を受けたのだという。

「今度、『マネジメント』を教えてほしい――って」

「えっ？」

「いや、なんでも向こうの監督さんが、よく私たちのことを引き合いに出すんだって。あそこのグラウンドは素晴らしいとか、面白い野球をしてるとか、ベストエイトに勝ち上がったのはすごいとか」

「へえ！」

「それでね、夕姫もうちに興味を持って、『マネジメント』や『イノベーションと企業家精神』のことをもっと知りたいと思ったんだって。彼女も、『もしドラ』は読んだことがあるらしいんだけど、それをどう野球部の活動に活かせばいいのか、まだよく分からないところがある——って言うから」

「……なるほど」

「だから、うちの練習の見学をしたいっていうんだけど、どうかしら？」

「ふむ——」

とそこで、夢は考えた。

（これは、明らかに予期せぬ出来事だ。これを、何かイノベーションの機会にすることはできないだろうか？）

するとそこで、ドラッカーのある言葉を思い出した。

（ドラッカーは、「聞くことは何よりも伝えることになる」といった。だとしたら、滝宮高校にマネジメントを伝えるためには、逆に私たちが聞くのがいいのではないだろうか）

そこで夢は、五月にこう言った。

「それなら、こうお願いしてくれない？」

「なに？」

「彼女にうちの練習を見学してもらった後、今度は私たちにも滝宮高校の練習を見学させてほしいって。そこで、私たちにいろいろ質問させてほしいって」

第九章　夢は居場所とは何かを考えた

33

それから二ヶ月が経過した一〇月半ばの水曜日、滝宮高校野球部の女子マネージャー乙部《おとべ》夕姫《ゆき》が、浅川学園野球部を見学に訪れた。

そこで夕姫は、驚くことしきりだった。まず、天空グラウンドの周囲が以前にも増して緑の木々や色とりどりの花々に覆われていて、今や立派な庭園となっていることに驚いた。さらに、今度はそれをせっせと手入れしているグラウンド整備専属の部員が何人もいることに驚いた。

グラウンドでは、選手たちが相も変わらずモノマネの練習をしていて、このときは、ベンチ横に設置された大きな鏡の前で、それぞれが素振りをしてた。

その見慣れぬ練習風景にも驚いたが、もっと驚いたのは、奥のブルペンで正義と智明がなにやらピッチングマシンの試し投げをしていることだった。

そのマシンは、滝宮高校にもまだ導入されていない最新式のものだった。そのため夕姫は、「こんな設備も導入しているのか」ということにまず驚かされたが、それを打つために使うのではなく、ただ投げさせているだけということにも驚かされた。

そうして最後に、学校に戻って顧問の文乃も含めたマネジメントミーティングに参加したのだが、そこでもやっぱり驚かされた。それは、一〇人を超えるマネージャーたちが、重要なことのあれこれを自主的に決めていたからだ。そうして、指導者の文乃はほとんど何も発言しなかった。

ミーティング後に行われた質疑応答で、夕姫はまずそのことを質問した。

「この野球部では、どうしてマネージャーがいろんなことを決めているのですか？　先生はどうして何も言わないのでしょう？」

それに対して、渉外担当の五月が答えた。

「うちは、野球部の定義が『マネジメントを学ぶための組織』なの。そこでは『野球部の民営化』がテーマとなっているわ。だから、運営は基本的に私たちマネージャーがすることになっているの」

「それで大丈夫なんですか？――あ、ごめんなさい。でも、よくそれで回るなと思って」

するとと五月は、にやりと笑ってこう言った。

「いえ、回ってないわよ」

「えっ？」

「回ってないから、逆にいいの」

「……どういうこと？」

「回ってないから、逆に私たちもそこでマネジメントを学ぶことができているの。回っていたら、かえってすることがなくなっちゃうかもね」

それで夕姫は、「はぁ……」と分かったような分からないような顔をしていた。


二日後の金曜日、今度は浅川学園の二人のマネージャー、夢と五月が滝宮高校を訪れることとなった。

滝宮高校は、浅川学園からそう遠くない場所にあった。

その日、授業を終えた夢と五月は、浅川学園前駅からモノレールに乗ると、一路南へと向かった。そこから多摩の丘陵地帯を分け入っていき、天空グラウンド近くの駅を通過すると、一五分で多摩センター駅に到着する。

そこからバスに乗り換え、さらに二〇分ほど南へ走った。すると、とある丘の頂に、滝宮高校の白亜の校舎が見えてきた。

滝宮高校は、半世紀前に建てられた浅川学園の古くくすんだ校舎とは違って、数年前に建て替えられたため、新しく、白く、輝いていた。しかも、そのすぐ隣には立派な野球場が広がっていた。

その野球場は、周囲に花壇こそなかったものの、ナイター用の照明や一〇〇人は座れそうなスタンドなど、地方球場並みの設備を取りそろえていた。

また、そのすぐ脇には野球部専用のクラブハウスもあった。部員たちは、全員がそこで合宿生活を送っているのだという。

それを見た夢は、（これだと移動が楽でいいな）と羨ましがった。天空グラウンドは学校から少し離れているため、部員たちにとっては移動が少なからず負担となっていたのだ。

それから二人は、夕姫について野球部の練習を見学した。そこでは、夕姫がいつもしている用具の出し入れや飲み物の用意などを手伝った。

二人は、そうした仕事をこれまでほとんどしたことがなかったので、新鮮な思いがした。また、滝宮高校にはそもそも女子マネージャーが二人しかいなかったので、とても忙しかった。男子マネージャーもいるにはいたが、元選手が務めていたので、ユニフォームを着てグラウンド内で練習を手伝っていた。

その練習が半ばを過ぎた頃、夕姫は夢と五月をクラブハウスに招き入れた。そうして、入ってすぐの大広間に二人を通すと、こう言った。

「この後、監督さんが二人とお話がしたいっていうんだけど、いいかしら？」

それで夢は、五月と顔を見合わせると、すぐに「もちろん！」と答えた。

滝宮高校の亀倉渡《かめくらわたる》監督といえば、夏の甲子園で二度も優勝したことのある名将だ。そうした有名人と話ができることなど滅多にない機会なので、夢は突然に訪れたそのチャンスに胸が高鳴るのを覚えた。

そうして現れた亀倉監督は、しかしそのカリスマ性とは裏腹に、気さくで話しやすい人物だった。緊張する二人に対して積極的に語りかけてくれ、ときには冗談を言ってリラックスさせてくれた。それで一〇分も経つ頃には、二人ともすっかり打ち解けて話せるようになっていた。

そこで夢は、ふと思い立ってこう尋ねた。

「あの……私からも一つ、質問をしていいですか？」

すると亀倉監督は、笑顔で「どうぞ、何でも聞いてください」と答えた。

それで夢は、こう尋ねた。

「監督さんは、もし意識の低い選手がチームにいたら、どう指導しますか？」

「意識の低い選手――とは？」

「あ、はい……例えば、練習を無断でサボるような選手がいたら、どうやって連れ戻すでしょう？」

　すると亀倉監督は、腕を組むと少し難しい顔になってからこう答えた。

「ううん……正直、うちにはそういう部員はいないんで、それについての指導はほとんどしたことがないんですよね……」

「あ、なるほど」

「ご承知のように、うちに来る子はみんな甲子園を目指しています。そのために難しい入部試験もあるくらいで。だから、この学校に来る時点で、そういう子はいないといってもいいんですよね」

「……そうなんですね」

「それに、もしそういう子が現れたとしても、ぼくは何もしないかなあ」

「え？　どうしてですか？」

「だって、練習をサボって一番損するのはその子自身じゃないですか。だからその子も、やがてそのことに自分で気づくんじゃないのかなあ」

「なるほど」

「ぼくはね、今の子はいろいろ言われたりするけど、基本的にはみんないい子ばっかりだと思ってるんです。だから、まずはこちらから信用する——そのことがだいじなんじゃないでしょうか」

夢は（亀倉監督の考えはコリンズに似ている）と思った。滝宮高校には、そもそも意識の高い選手しかいないのだ。そういう人材しかバスに乗っていないのである。だから、無断欠席している選手を連れ戻す——などということに手を煩わせる必要はなかった。

しかし、その方法では浅川学園の問題は解決できなかった。黙って待っていても、真実や隼人はもう三ヶ月も野球部から離れたままだった。

夢は、甲子園で二度も優勝している亀倉監督に聞けば、真実や隼人の居場所を作るための何かヒントが得られるのではないかと期待していた。しかしそれは、ここでは空振りに終わってしまった。

そのため夢は、思わず小さな溜め息をついた。すると、それを見た亀倉監督がこう言った。

「あ、でも、こういうことはあるかもしれない——」

「はい？」

「ぼくはね、指導者になりたての頃、とある生徒に教えられたことがあるんですよ」

「……はい」

「あれは……もう三〇年も前かな。そのときは、また別の学校で監督をしていたんですが、ある試合で負けましてね。それで、罰だといって選手たちにグラウンドを走らせたんです」

「はい」

「そうしたら、一人だけ走らない選手がいましてね」

「へえ！」

「それで、『なんで走らないのか！』って怒ったら、その子がこう言うんです。『試合に負けたのは監督の責任でもある。だから、選手だけ走って監督が走らないのはおかしい。監督が走らないなら、ぼくも走らない』って」

「！」

「それでぼく、頭をガーンと殴られたような気持ちになって。確かにそうだと思ったんです。だからそれ以来、選手が走るときは、自分でも走るようにしているんです」

「監督さんが走っているんですか？」

「そうです。今ぼくは、もう六〇の手前ですけど、いまだに選手たちと同じ距離を走ります。これだと、選手たちも走らざるを得なくなるんですよね」

「へえ」

「だからぼく、選手たちに走れと言ったことがありません。監督が走っていると、黙っていても走るようになるからです」

「なるほど」

「これが、『意識を高める方法』といえば、そうかもしれません。だからぼくは、もし自分が走れなくなったら、そのときは監督を辞めるときだと思っています」

「そうなんですね……」

――と、そのときだった。夢は不意に、心にコツンと小石のぶつかるような感覚を覚えた。そして、唐突にそのことに気がついた。

それで夢は、思わず「あ！」と叫んで立ち上がった。

そのため、そこにいた全員が驚いて夢を見た。隣に座っていた五月は、夢の顔を心配そうにのぞき込むとこう尋ねた。

「どうしたの？　大丈夫？」

しかし夢は、しばらくその問いに答えることができなかった。

それはこのとき、頭の中にあるアイデアがひらめいていたからだ。それは、複数の問題を一気に解決する、文字通りのアイデアだった。そのことに、夢は思わず夢中になったのだ。

34

翌日、夢は急遽、真実に面談を申し込んだ。その場所には、いつも野球部がミーティングに使っている校舎一階の西端にある小教室を指定した。

すると真実は、最初は夢と会うのを渋った。しかし、夢がいつになく強い口調でそれを申し入れたため、最後にはこれを承諾した。

真実と会った夢は、開口一番こう切り出した。

「真実の仕事が見つかったの」

「私の仕事？　なんのこと？」

「野球部の仕事よ！」

「野球部？」。そう言うと、真実は苦笑いをして見せた。「――何を言っているの？　私はもうマネージャーを辞めたのよ」

「うん。知ってる」

「だったら……」

「だけど、辞めたのはマネージャーでしょ？」

「えっ？」

「私は、真実にはもうマネージャーを頼みません。その代わり、やってもらいたい仕事があるの」

「どういうこと？」

「うん。これは洋子と話していたんだけど、彼女が考えるには、これからの野球部には選手個々人の専属マネージャーが必要となるんじゃないか——って」

　すると真実は、急に目を輝かせてこう言った。

「へえ！　何それ、面白そう」

「でしょ？　プロスポーツやオリンピックみたいに、選手一人ひとりに専任のスタッフがつくの。そうすることで、野球部のさらなるレベルアップが図れるんじゃないかって」

「確かに……さすが洋子、それは大きなイノベーションになるかもしれないね」

「うん。ただ……問題は、どう小さくスタートするか——ということなの。最初に大がかりに始めちゃうと、失敗したときに取り返しがつかないでしょ？」

「——確かに」

「だから私、監督さんに相談してみたんだ」

「へえ」

「そうしたら、『まずはピッチャーにトレーナーをつけてみたらどうかな』って。というのも、これからピッチャーには足腰を鍛えるためのランニングを課すつもりなんだけど、その専属トレーナーがいたら助かるし、練習も大いに捗《はかど》るんじゃないか——って」

「ふむ。なるほど……」

「ほら、マラソンの選手みたいにトレーナーに伴走してもらいたいって言うの。監督さんが言うには、走るのって、一人ではつらいけど、大勢だったら苦しいことも乗り越えやすいんでしょ？」

「それは、まあ、その通りだけど……」

「だからね、そのトレーナーを、真実にお願いしようと思って」

「ええっ？　どうして私が？」

「それはね……真実は走るのが得意だからよ！」

「え？」

「私が調査したところによると、この学校で最も走るのが得意なのは真実——あなたなの」

　すると真実は、眉をしかめてこう言った。

「そんなことないよ……」

「いいえ。真実、私を誰だと思っているの？」

「え？」

「私は、野球部人事担当マネージャーの岡野夢だよ。この学校の八〇〇人の生徒たちを調べるように言ったのは、真実、あなたじゃない」

するとと真実は、今度は渋い顔になってこう言った。

「そんなこと言ったって、私はもう走るのをやめたんだ」

真実は、中学時代に陸上部の長距離選手だった。しかし、監督とのいざこざが原因で部を辞めてしまい、それ以来走っていなかった。

「――だから、今さら走れないよ」

「それは、『陸上部の選手としては』ということでしょ？」

「えっ？」

「私は何も、陸上部に入れと言ってるんじゃないのよ。野球部のトレーナーとして、ピッチャーの伴走をしてほしいとお願いしているの」

「でも……」

――と、なおも渋る真実に対し、夢はこう言った。

「真実、これは『あなたにしかできないこと』なの」

「えっ？」

「この役は、野球部のことを知っていて、イノベーションを理解し、なおかつ走るのが得意――そういう人でなければ務まらないの。そして、そういう人材はこの学校はおろか、世界中を探したって他には見つからないわ」

「……」

すると真実は、目を伏せてしばらく黙り込んだ。そこで夢も、そんな真実を辛抱強く待った。

ただ、夢には分かっていた。真実が必ず「説得」されるということを。なぜならその仕事は、真実にとっても新しい挑戦のはずだからだ。その興味に、真実が抗えるはずはなかったのだ。

真実は、何より新しいことが好きだった。彼女は、すでに行っていることをより上手に行うことよりも、まったく新しいことを行うことに価値を見出す、根っからの企業家精神の持ち主だった。

その通り、やがて顔を上げた真実はこう言った。

「……分かったよ。私の負け」

「え？」

「夢が言うその仕事、引き受けることにする」

「うん！」と夢は、一つ頷くとこう言った。「真実ならそう言ってくれるって分かってた！」

するとと真実は、ふっと笑顔になるとこう言った。

「……夢には敵わないな。ありがとう」

「えっ？」

「夢は、私の居場所を作ろうとしてくれたんだよね？」

すると夢は、その質問には何も答えず、ただにっこりと微笑んだ。それから、ふいに立ち上がると真実に近づき、その頬にキスをした。

それで真実は、驚いて思わずキャッと声を上げた。それに対し、夢は悪戯っぽい笑みを浮かべながらこう言った。

「いつかのお返しよ」

「夢……」

すると、そのときだった。急にドアが開いて、智明が部屋に入ってきた。

「あ、夢さん！　ここだったんですね！」

それで二人は、急にどぎまぎして智明を見た。それから、夢がこう言った。

「智明くん！　何よ急に。開けるならノックぐらいしてよね」

「え？　あ、うん――いや、さっきから電話してたんだけどずっと出なくて……と、そんなことより大変なんだ。大変なことが起きたんだ！」

「なに？　一体どうしたの？」

「完成したんだよ。ついにできたんだ！」

「できた――って何が？」

「魔球だよ」

「魔球？」

「ほら、前に話した、トップガンを使って新しいボールを開発するっていう話」

「あ、うん――」

「そのボールの開発に、ついに成功したんだ。『イノベーションボール一号』ができたんだ！」

「ええっ！」

「イノベーションボール一号」とは、智明が命名した変化球の名前だ。ただしそれは、別の言い方をすれば「高速ナックル」だった。

　トップガンを購入した後、智明は監督の正義と協力して、そのマシンが投げられるさまざまな変化球を試し投げした。その中で、現実の投手にも投げられそうで、かつ打者にとって最も打ちにくいのが高速ナックル——すなわち時速一一〇キロ前後で無回転で投げ出され、揺れながら落ちるボールだということが分かった。

ナックルというのは、通常は八〇キロから九〇キロくらいで投げられる。これだけでも打ちにくいのだが、それがさらに球速を増すと、ますます打ちにくくなるのだった。

トップガンは、例えば一五〇キロのナックルを投げることもできた。ただ、そのボールを実際に投げるのは現実的ではなかったし、またそれほど速いとボールが揺れたり落ちたりする前にキャッチャーミットに届いてしまうので、変化の度合いも少なくなった。

そのため、揺れたり落ちたりしながらなおかつ速さもあるということとなると、一一〇キロくらいが理想的なスピードだった。そうして実際、その球は恐ろしく打ちにくかった。

智明は試しに、あらゆるツテを使ってそのボールをバッティングの得意ないろんな人に打ってもらった。しかし、それを弾き返すことはおろか、かすらせることさえ誰もできなかった。それは文字通り「魔球」だった。

そこで智明は、今度はどうすればそのボールを投げられるようになるかというのを、正義とともにあれこれと研究してきた。それをこのとき、ついに正義が投げられるようになったというのだ。

「これは、大発明だよ——」と智明が言った。「この球を投げれば、高校はおろか、プロでも打てる選手はいないんじゃないかな」

「でも――」と夢は、興奮する智明を不安げに見つめながらこう尋ねた。「それは、監督さんが投げられるようになっただけでしょ？　うちのピッチャーたちが投げないと意味がないいんじゃないの？」

　すると智明は、にやっと笑ってこう答えた。

「そんなことは、もちろん分かってるさ」

「え？」

「監督さんが編み出したのは、その投げ方だけじゃない。その投げ方の『型』を編み出したんだよ。だから、これを習得すれば、うちの投手なら誰でも投げられるようになるんだ！」

「ええっ？」

「これがほんとの『猿飛佐助』さ。いや、これをみんなが習得したら、野球界は大変なことになるぞ……」

35

　そのイノベーションは、運や偶然から生まれたものではなかった。明確な意図をもって開発された、マネジメントの営みの結果だった。

トップガンを購入後、正義と智明はそのマシンを駆使してさまざまな変化球を試し投げした。するとそこで、「高速で揺れながら落ちるボール」が最も打ちづらいとの結論に達した。いわゆる「高速ナックル」というやつだ。

また、そのボールを投げるためには「ストレートと同じ腕の振りで、なおかつボールを無回転にする必要がある」ということも分かった。

そこで二人は、今度は「どのような投げ方、ボールの握り方をすれば、そうしたボールを投げられるのか」というのを研究した。すると、スタートから数えて五一日目の夕方、正義が初めてそのボールを投げることに成功したのだ。それは、無数の投げ方、握り方を試した上での成功だった。

ただし、このボールを投げるためには一つの条件があった。それは「下半身が安定している」ということだ。

なぜかといえば、それを投げるには指先の微妙なさばきが必要だった。たとえていうなら「ダルマ落とし」のときの手首の返しのような繊細さだ。その投げ方で投げて初めて、ボールを無回転にすることができた。

ただしこのとき、下半身が安定していなければ、いくらボールを繊細にさばけても意味がなかった。土台がぐらつくようでは、ダルマ落とし全体が崩れてしまうからだ。

そのため、投げるには下半身の安定が求められた。特に高校野球の地区予選は、さまざまな球場で行われる。そのマウンドは、硬さや高さなどが微妙に異なっている。そういう異なった環境下でもぐらつかないようにするためには、下半身の粘りが不可欠となった。

その粘りを得るためには、走り込みが必要だった。正義は、そこで求められる「下半身の粘り」の基準を、こんなふうに説明した。

「たとえていうなら、クロスカントリーのランナーのような粘りが必要だ。おれはたまたまトレイルランニングをしていたからそれがあったけど、もしうちの選手がこれを投げるとなったら、相当きつい走り込みが求められるぞ……」

智明は、その正義の言葉を夢と真実に伝えてから、二人に対してこんなふうに尋ねた。

「だから、早速明日からピッチャーを走らせる必要があるんだけど、そのために何かいいアイデアってあるかな？」

それで夢は、思わず真実と顔を見合わせたのだった。

その日から、野球部では投手に対する個人トレーナー制度がスタートした。これも小さくスタートするため、まずは真実が隼人のトレーニングを指導することから始めた。

しかし真実は、これを一旦は引き受けたものの、なおもその実現を疑っていた。それは、隼人のことを信じきれなかったからだ。

そもそも隼人は、もうずっと練習を休んでいた。だから、この制度がちゃんとスタートできるかどうかも怪しかった。

しかし夢は、そんな真実に対してこう言った。

「大丈夫。隼人くんはちゃんと練習に出てくるよ」

「ほう……どうして?」

「だって、彼は野球が好きだもん!」

「ええっ?　そんな理由?」

しかし結果は、果たして夢の言う通りになった。

やがて隼人は、再び練習に出てくるようになった。それのみならず、真実について走り込みもするようになったのである。

学校から天空グラウンドまでは、丘陵の谷間を縫うようにして一本の道が走っている。真実は、隼人にこの道を走るよう指導した。ただし、もちろん指示を出すだけではなく、自分も一緒に走った。

すると隼人は、その後ろを黙ってついてきた。そのため真実は、びっくりして夢にその理由を尋ねた。

「本当に夢の言う通りになった！　一体どんな魔法を使ったの？」

　そこで夢は、こんなふうに説明した。

「そもそも、隼人くんには『プライドが高い』という『背骨』があったの」

「背骨――って、信念のことね。私にとっての『正しさを曲げられない』というやつか」

「うん。だから、その背骨が他人の背骨とぶつからないようにしてやれば、上手くいくようになるって気づいたの」

「どういうこと？」

「まず、彼にとって『チームで唯一の専属トレーナーがつけられる』というのは、プライドを刺激されることなの。だから、それに興味を覚えたというのがあるわ」

「なるほど」

「もう一つ、彼は『恥をかく』のが嫌いなのよね」

「それもプライドが高いから？」

「そう――だから、みんなと一緒に走るのがイヤだったの。そこで遅れてしまうと、劣等感を刺激されるでしょ？」

「ふむ……」

「だけど、個人練習だったら比べられることもないから、恥をかかなくても済む――というわけ」

「なるほど。彼の場合は、そもそも走るのが嫌いというより、プライドを傷つけられるのがイヤだったというわけね。けど――」

「ん？」

「今はいいけど、これから先はどうかな？　この後どんどんきつくなっていくけど、そうしたらまたサボるようになるんじゃないの？」

するとすると夢は、にやりと笑ってこう言った。

「それは大丈夫。真実が走り続けている限り、彼も走らざるを得ないから」

「ええっ？」

しかし真実は、それでもなお、訝しげにしていたのだが、ここでもやっぱり、結果は夢の言う通りになった。隼人はその後も練習に出続け、伴走者として先導する真実の後ろを走り続けた。真実の後ろを走りながら、彼女の「背中」を見続けたのだ。

そうして秋が過ぎ、冬になって、再び暖かな季節が巡ってきた。この頃になっても、隼人はずっと走り続けていた。

この個人トレーナー制度の成功を受け、浅川学園では他の投手たちにもそれぞれランニングの得意な生徒を個人トレーナーとしてつけ、彼らの足腰を鍛えていった。

そうして再び春が来た。浅川学園は、野球部が再興してから丸二年が経過し、最初は一年生だった夢や真実は、とうとう最上級生となった。

この年の新一年生には、昨夏のベストエイトという成績を受け、さらに有望な選手たちが入部してきた。その中には、中学時代に全国大会に出場した経験のある時田一樹《ときたかずき》という投手もいた。そこで彼にも早速個人トレーナーがつけられ、隼人や庸太郎らとともにその足腰を鍛えることとなった。

監督の正義は、足腰が鍛えられた彼らに対して、智明と協力して編み出した「猿飛佐助作戦」であるところの「イノベーションボール一号」を授けていった。この頃までに、二人の研究はさらに進化して、ボールの回転数はさらに少なくなり、変化の度合いを大きくすることに成功していた。

すると浅川学園の投手陣は、全員がこの魔球を身につけていった。それは驚くべき成果だった。救援投手の健や清史郎も含めた全ての投手が、同じようなクオリティのイノベーションボール一号を投げられるようになったのだ。

ただ、その背景にはきちんとした裏づけもあった。それは、浅川学園の投手が全て同じ投げ方をしていた——ということだ。彼らは、全員が上原浩治投手の投球フォームを参考に作られた「型」に則った投げ方をしていた。そしてイノベーションボール一号の投げ方も、この型に則った形で設計されていた。

だから、その型を身につけた者は誰でも投げることができたのだ。これが「猿飛佐助作戦」の本当のすごさだった。天才がどんどん生まれてくるのだ。

その意味で、最後まで投げるのに苦労したのは一年生の一樹だった。彼は、中学までは別の投げ方をしていたので、まずは型の習得に時間がかかった。しかし、持ち前の運動神経から一月も経つとそれをマスターするようになり、夏の予選が始まるまでにはイノベーションボール一号も先輩たちに遜色ないクオリティで安定的に投げられるようになっていた。

そうして浅川学園野球部は、ついに破壊的イノベーションを成し遂げた。それを投げれば絶対に打たれないという「魔球」を開発することに成功したのだ。

それはまるでマンガのようだった。いや、マンガの場合はたいてい一人の天才投手が魔球を投げるのみなので、浅川学園の場合はそれ以上といえた。なにしろ、チームの全投手がそれを投げるのだ。

これでは、対戦相手はたまったものではなかった。そのため野球部では、夏の大会を迎える頃までには、全ての部員が甲子園出場を意識するようになっていた。特に、イノベーションボール一号の破壊力を知るピッチャー陣は、それをほとんど確信するようになったのだ。

浅川学園にとって、残された課題はバッティングだった。

浅川学園の打撃陣には、二線級のピッチャーなら打ち崩せるが、一流のピッチャーを苦にするという弱点があった。それは、型の練習が奏功し、甘いボールを打ち逃さなくはなったものの、一流投手の投げる速球や鋭い変化球には、地力の違いからなかなか対応できなかったからだ。

おかげで、好投手を擁する学校との対戦では苦戦が予想された。例えば、滝宮高校のエースで全国にも名を轟かせた浦島幸太郎を打ち崩せる目算というのは、なかなか立てることができなかった。

そのため、野球部のマネジメントチームは必ずしも甲子園に出られることを確信していたわけではなかった。しかしながら、出場できる可能性が高いことは確かで、この頃には、それをなんとか成し遂げたいという使命感のようなものが湧き上がるようにもなっていた。

そうして、いよいよ明日から夏の地区予選が始まるという日の夕方、野球部では、練習が終わったグラウンドで監督の二階正義からレギュラーの発表と背番号の授与が行われた。

このとき、太陽はすでに沈んでいたが、紫色の夕焼け空が辺りを照らして、選手たちの悲喜こもごもの表情を浮かび上がらせていた。

その光景を見ながら、夢は不意に体が揺れるのを感じた。それで、最初は地震が起きたのかと思ったが、周囲を見ても揺れてはおらず、そのため今度は、熱中症で目眩がしたのかと思った。

しかしそれは目眩でもなく、よくよく見てみると、自分の両腕が小刻みに震えていた。それで、夢はびっくりした。自分の腕がなぜ震えるのか、最初は分からなかった。

しかしやがて、それがいわゆる「武者震い」であるということに気がついた。以前、何かの本でそうした現象があるというのを読んだことがあったのだ。

そこで夢は、こう思った。

（武者震いって、本当にあるんだ……）

そうして、自分がこの大会に強い思いを抱いているということも、このときあらためて知ったのだった。

36

いよいよ、夢たち三年生にとっては最後となる夏の西東京大会が始まった。この大会も、浅川学園は二回戦からの登場となった。

その初戦、先発したのは浅川学園のエース、槙庸太郎だった。

この試合、庸太郎は素晴らしいピッチングを見せる。相手を散発の二安打、〇点に抑えたのだ。一方、打線もコンスタントに点を積み重ね、結局七対〇で七回コールド勝ちした。

次の三回戦、先発した一年生の時田一樹は、五安打を打たれながらも七回を〇に抑えた。後を承けた健と清史郎も一イニングずつを完璧に抑え、結局四対〇で勝利した。

続く四回戦、今度は真実との厳しいトレーニングをくぐり抜けてきた一条隼人が、満を持して先発した。

そこで隼人は、圧巻の投球を見せる。打者一五人をパーフェクトに抑えたのだ。試合は、相手投手を釣瓶《つるべ》打ちした浅川学園が一五対〇で五回コールド勝ちした。

この頃から、浅川学園の周囲はざわつき始めた。それは、救援も含めた五人のピッチャーがいずれも全く点を取られていないことに加え、その内容が目を見張るものだったからだ。

というのも、彼らはそれぞれが投球回数を上回る三振を奪いつつ、フォアボールを一つも出していなかった。五人の前に、相手打線は手も足も出ないといった様相だった。

続く五回戦は、ローテーションが一周して再び庸太郎が先発した。この試合で、庸太郎はさらに凄まじいピッチングをくり広げる。なんと、九回を投げて一本のヒットも許さなかったのだ。つまり、ノーヒットノーランを達成したのである。打線は中盤まで相手の好投手を打ちあぐねていたが、八回と九回に一点ずつ入れ二対〇で勝利した。

こうなると、浅川学園は台風の目として注目されるようになった。そこには驚嘆すべき点がいくつかあった。まず、チーム防御率がいまだに〇点なのもそうだったが、それを三人の先発投手がローテーションで成し遂げていることも特筆に値した。おかげで、どの試合も先発投手は休養十分で投げることができていたのだ。

それは、一言でいえば「破壊的」であった。浅川学園は、とにかく投手陣が点を取られそうにないので、たとえ打線が点を取れなくても試合運びに危なげがなかった。その戦い方は、僅差の試合でもいずれも「完勝」と呼べるものだった。

いやそれは、もはや「試合」になっていなかった。「競争」になっていないのだ。浅川学園は競争をせず、楽々と勝利を手に入れることができていた。

なぜなら、そこには「イノベーションボール一号」があったからだ。その破壊的な変化球によって、投手はいつでも簡単にストライクを奪うことができた。揺れながら落ちる時速一一〇キロのそのボールを、相手バッターは弾き返すことはおろか、かすらせることもできなかった。中には目で追うことすら適わず、バットを振ることさえできない者もいたほどだ。

そんな、プロでも打てるかどうか怪しい魔球を高校生に打てるわけがなかった。しかもそれを、浅川学園の全投手が投げるのだ。それはまさに「猿飛佐助」であった。「天才がどんどん生まれてくる組織」だ。これでは相手チームに敵うはずがなかった。

その光景を目の当たりにして、夢は、それを計画し、目標にしてきたとはいえ、あらためてイノベーションの威力というものに驚かされた。

かつて夢は、真実から初めてイノベーションについて聞かされたとき、それは「競争をしないこと」と教わった。しかし当時は、その言葉の意味するところがよく分からなかった。

ただ、今ならそれが分かった。浅川学園の投手陣は、相手打線と違う次元で戦っていた。勝負になっていないのだ。そのため、ほとんどなんの苦労もなく、易々と打ち取ることができていた。

そうして浅川学園は、昨年に続いてベストエイト進出を果たした。

その準々決勝の当日、試合は午後からだったので朝早くではなかったが、夢は昨年と同じように集合場所の正門のところに一番に来て、迎えのマイクロバスを待っていた。すると、この日は先発予定のない隼人が早々に来て、夢に「こんにちは」と挨拶をした。

それで夢は、ふと一年前のことを思い出した。一年前の準々決勝の日の朝、先発予定だった隼人は急にお腹が痛いと言い出した。それを聞いた夢が真実に報告したところ、彼女が激怒して大きな事件へと発展した。

今振り返れば、そのときの経験が浅川学園に変革をもたらした。それを糧に、隼人をはじめ多くの部員が成長を遂げたのだ。

そのため夢は、あらためて隼人をしげしげと眺めてみた。すると隼人は、そんな夢の視線に気づくと、恥ずかしそうに苦笑いした。隼人もやっぱり、昨年のことを思い出していたのだ。

しかし、この日の先発は隼人ではなかった。そのため「お腹が痛い」と言い出す心配は少しもなかった。

この試合、先発した一樹は今度も五回を〇で抑えると、六回と七回は健が救援し、さらに八回と九回は清史郎が投げ、いずれも〇に抑えた。そうして、三対〇で完封勝ちした。

隼人は、次の準決勝で先発した。すると彼は、ここでも五回をパーフェクトに抑え、浅川学園はまたしても一〇対〇の五回コールド勝ちを収めた。隼人が先発すると、とにかくストライクをどんどん取っていくので、守っている野手もリズムが良くなる。そのため、打つ方でも奮起して大量得点につながりやすかった。

そうして浅川学園は、ついに決勝戦へと駒を進める。それは、実に四四年ぶりのことであった。

その相手は、第一シードの優勝候補筆頭で、二年連続で甲子園に出場中の、全国に名を轟かせた好投手、エースの浦島幸太郎を擁する、あの滝宮高校であった。

浦島投手は、ここまで四試合に先発し、防御率は一点台だった。特に準決勝を完封勝ちし、勢いにも乗っていた。

一方、浅川学園のエースである庸太郎も、ここまで二試合を〇に抑え、防御率は浦島投手を上回る〇点であった。そのため、この試合は投手戦が予想されたのだが、結果はその通り、九回まで両チームのスコアボードに〇が並んだ。

そうして延長戦に突入したのだが、ここで浅川学園は、好投の庸太郎を下げ救援の健にスイッチする。一方、滝宮高校は浦島投手が投げ続け、結局一五回まで両校〇が並び、とうとう引き分け再試合となった。

翌日、再試合が行われた。この試合、浅川学園の先発投手はローテーション通り一樹であった。一方、滝宮高校は昨日に続いて浦島投手が先発した。

するとこの試合、誰もが想像していなかった結末が待っていた。なんと、やっぱり一五回を終えても両チーム得点が入らず、またしても引き分け再試合となったのだ。この試合も、浅川学園は一〇回から清史郎がリリーフしたが、滝宮高校の浦島投手は最後まで投げ続けた。

そうして、西東京大会の決勝は、前代未聞の再々試合へと突入した。

この試合、滝宮高校は準決勝から数えて四連投となる浦島投手が先発したのに対し、浅川学園は休養十分の隼人が先発した。隼人はここまで防御率が〇点台――というより、一人のランナーも出していなかった。文字通り「パーフェクト」なピッチングをくり広げていたのだ。

この試合で、浅川学園はとうとうイノベーションの真の破壊力を全国に示すこととなった。疲労からピッチングを衰えさせた浦島投手をついにとらえ、五回二死からキャプテンである国枝宗助の満塁ホームランで四点を奪ったのだ。ここでようやく浦島投手をマウンドから引きずり下ろすと、リリーフした投手も打ち崩し、九回までに九点を奪った。

一方、四日ぶりの先発となった隼人は全く危なげないピッチングをくり広げ、結局九回まで一人のランナーも出さなかった。

そうして迎えた九回の裏、九点のリードを背負った隼人は、これまでと変わらない落ち着き払ったピッチングで、最初の二人を簡単に打ち取った。そうして最後のバッターも、あっさり三球三振に仕留め、とうとう浅川学園は、実に四四年ぶり三度目の夏の甲子園出場を決めたのであった。

その勝利の瞬間、スタンドの応援席で観戦していた夢は不思議な気持ちを味わっていた。長い間の目標が達成されたというのに、なぜか喜びが湧き上がってこないのだ。それよりも、むしろ淡々とした、ホッとした気持ちの方が強かった。

それは、この試合が始まる前から浅川学園の勝利を確信していたからでもあった。真にイノベーションが果たされたとき、その勝利はけっして劇的なものにはならない。なぜなら、そこには競争がないからだ。相手を破壊的に打ちのめすため、突き上げるような喜びにはなかなかつながりにくかった。

しかし、それを期待していた夢は少々がっかりした。そして、企業家というものの「悲しさ」を、あらためて実感したのだった。

すると、そのときだった。ふいに、隣から呻き声のようなものが聞こえてきた。見ると、隣に座っていた真実が泣いていた。彼女が、声を押し殺して嗚咽しているのである。

それで、夢はびっくりした。真実が泣いている姿を見たのは、このときが初めてだった。そのため、咄嗟に声をかけようとしたのだが、しかしすぐに思いとどまった。そうして、そのまま気づかない振りをした。

夢はこのとき、以前に文乃から聞いた言葉を思い出していた。

「教え子が勝利するのは、自分が勝利するのとは比べものにならないくらい嬉しい」

（真実はきっと、その嬉しさを嚙みしめているのだろう）

そう考えると、夢にもようやく、ほんの僅かではあるが喜びが湧き上がってきた。なぜなら、真実のその涙は、彼女の居場所ができたということの何よりの証拠だったからだ。

エピローグ

それから一週間後、浅川学園野球部は、甲子園の開会式本番に臨もうとしていた。ライトスタンドの外にある、蔦が絡まった外壁の下の入場口で、他の出場校の選手たちと一緒に、入場行進のときが来るのを待っていた。

夢と真実は、そのすぐ脇にいて選手たちを見守っていた。するとそこへ、テレビ局のカメラクルーがやって来て、入場直前の選手たちを取材し始めた。

そこで女性のインタビュアーは、浅川学園のキャプテンである国枝宗助にインタビューを始めた。宗助にあれこれと質問していた彼女は、最後にこんなふうに尋ねた。

「甲子園では、どんな野球をしたいですか?」

それを見ていた夢は、宗助がなんと答えるのか、興味を持って見守った。

この場は、当たり障りのないことを答えるのか。それとも「マネジメントを学ぶための組織」という野球部の定義を言うのか。あるいは、先発投手のローテーション制度やイノベーションボール一号に代表される、イノベーションのことを話すのだろうか？

そうして、宗助がそれに答えようとしたときだった。夢は、急に後ろから肩を叩かれた。それで夢は、（ああ、もう、いいところなのに！）と、心の中で舌打ちしながら振り返った。すると、そこには見知らぬ若い女性が立っていた。

「あの――」

「はい？」

「あなた、浅川学園の生徒よね？」

「はい、そうです」

「良かった！　甲子園に出るっていうんで、アメリカから急いで駆けつけてきたの！　たった今着いたんだけど、文乃はどこ？　あ、正義でもいいよ！」

「え？　あ、はい……文乃先生に二階監督ですね。……あの、失礼ですが、どちらさまですか？」

するとその女性は、にやりと笑ってこう言った。

「その言い方、文乃とそっくり！　あ、私の名前は川島みなみ。そう言えば、二人とも分かると思うよ」

（川島みなみ？）と、夢は首をひねった。その名前は、どこかで聞いたことがあった。しかし、どこで聞いたか、すぐには思い出せなかった。それは喉元まで出かかっているのに、なぜかなかなか出てこなかった。

それで、やきもきしているときだった。急にまた、後ろから肩を叩かれた。

そのため、驚いて振り向くと、そこには野球戦略担当マネージャーの木内智明が立っていた。

「夢さん、た、大変だ！」

「なに急に？　あ、でもちょうどよかった。今、文乃先生と監督さんにお客さんがいらしたの。案内してくれる？」

するると智明は、血相を変えた表情でこう言った。

「そ、そんなことより、その監督さんが大変なんだ！」

「大変……て？」

「で、できたんだよ！　またできたんだ！」

「何が？」

「イノベーションボール二号が！」

「ええっ？」

あとがき

　二〇〇九年の暮れに出た、ぼくの処女作である『もし高校野球の女子マネージャーがドラッカーの『マネジメント』を読んだら』（以下『もしドラ』）の「続編」については、『もしドラ』を出してすぐ、二〇一〇年の初頭には、もう「書かないか」というご依頼をいただいた。しかし、そのときはお断りした。なぜかといえば、『もしドラ』はそれまでの蓄積を全て出し尽くした本だったので、当時は頭の中が空っぽで、アイデアが一つも思い浮かばなかったからだ。特に新たな物語が思い浮かばなかった。『もしドラ』の登場人物がその後どうなるかということも、ちっともイメージできなかった。

　しかし、それから何年かが経過し、その間に実用書を書いたり、講演をしたり、あるいはＹｏｕＴｕｂｅで映像を作ったりしているうちに、段々とアイデアが蓄積していった。やがて、自分の中に物語の核になるようなものが根づいた。それとともに、登場人物たちのその後というものも、朧げながらイメージできるようになった。

「これなら書けるかもしれない」と思い始めたのは、今から約二年前の、二〇一四年の初頭である。初めにお話をもらってから、四年が経過していた。

そこで、『もしドラ』の続編を書くことを決めた。テーマは「競争社会」だ。特に、人々の「居場所」というものに狙いを定めた。「それをどう構築していくか」を考えようとしたのだ。その手がかりとして、「イノベーション」と「教育」を用いることも決めた。

これらの要素は、『もしドラ』以降、ぼくの中に徐々に浮かび上がってきたものだった。二〇一〇年頃から、いやもっと前から、社会における競争は激しさを増すようになった。それで、二〇一三年にそのことについて考察した本、『まずいラーメン屋はどこへ消えた?』（小学館）も出した。

しかしながら、それ以降も競争社会はますます進行していった。それによって、居場所を見失う人々も増えていった。そこで今度は、「競争社会における人々の居場所」について、もう少し掘り下げたいと感じるようになったのだ。

それは、ドラッカーの『マネジメント』ともリンクしていた。ドラッカーは、競争社会が激化することを見越して『マネジメント』を書いたところがある。特に、イノベーションの必要性を強調したのは、多くの人々がそこで競争に負け、居場所を見失うだろうことが予見できていたからだ。

そのため、競争によって居場所を見失った登場人物が、ドラッカーの本を足がかりにそれを再発見していくという物語は、必ずや現代の多くの人に必要とされるだろうと確信が持てた。

そうして書き始めたのだが、しかし、そこから苦労した。物語は二進も三進も進まず、躓いたり転んだりをくり返した。ちっとも深化せず、立ち止まったり、振り出しに戻ったりした。

その間、心のバランスを保つのに苦労した。物語というのは、トンネルを掘ることと似ている。掘り終わるまで、出口が見えない。見当違いのところを掘って、出口から遠ざかることさえある。それでも挫けず、たゆまず掘り続ける必要がある。だから、出口の見えない、悶々とした日々が続くのだ。

結局一年半かかって、なんとか出口に到達した。しかし書き終えてみると、拍子抜けするほど呆気ないものだった。さっきまで暗闇の中で煩悶していたのが嘘のように、パッと視界が開けたのだ。

そこに辿り着くまで、いろんな方々に助けられた。

まず、ドワンゴと夜間飛行から配信している『ハックルベリーに会いに行く』という、ぼくの有料メルマガの読者のみなさま。彼らがぼくの文章を定期的に読み続けてくれたことが、どんなに心の支えになったかしれない。そこで勇気をもらえたから、挫けることなく書き続けることができた。

それから、株式会社吉田正樹事務所、そして株式会社源氏山楼のスタッフのみなさま。彼らは、ぼくの仕事仲間であり、家族だ。どんなときでも変わらずにサポートしてくれた。その助けがなければ、やっぱり書き続けられなかった。

さらに、ダイヤモンド社のみなさま。とりわけ、今泉憲志さん、中嶋秀喜さん、井上直さん、市川有人さん。彼らは、ぼくが続編を書くことをずっと後押ししてくださった。そして、その完成を信じて待ち続けてくれた。度重なる締め切りの延長にも応じてくれ、本当に助けられた。

また、ドラッカーの翻訳者であられる上田惇生先生をはじめとする、ドラッカー学会のみなさま。上田先生や彼らとの出会いがなければ、ぼくはこの続編を書こうと思えなかったでしょう。

そして、前作同様この本の制作に携わってくださった、校正の山中幸子さん、キャラクターデザインのゆきうさぎさん、カバー背景の株式会社バンブー、竹田悠介さん、益城貴昌さん、装丁の重原隆さん。彼らのおかげで、前作に匹敵する、いやそれ以上の本を作ることができた。

最後に、『もしドラ』及びこの本を読んでいただいているみなさま。みなさまに読んでいただいたおかげで、この本を出すことができました。そのことの幸せを今、あらためて噛みしめております。

この本が、少しでもみなさまのお役に立ったり、あるいは面白いと思ってもらえたなら、これ以上の喜びはありません。

末筆ではありますが、この本を書くための取材に快く応じてくださった、東京都立日野高等学校、日本大学第三高等学校、愛媛県立松山東高等学校、阪神園芸株式会社、共和技研株式会社、美津濃株式会社のみなさまに、あらためてお礼を申し上げます。本当にありがとうございました。

二〇一五年一一月

岩崎夏海

参考文献

『イノベーションと企業家精神』P・F・ドラッカー著、上田惇生訳（ダイヤモンド社）
『イノベーションと企業家精神【エッセンシャル版】』P・F・ドラッカー著、上田惇生編訳（ダイヤモンド社）
『マネジメント【エッセンシャル版】――基本と原則』P・F・ドラッカー著、上田惇生編訳（ダイヤモンド社）
『プロフェッショナルの条件』P・F・ドラッカー著、上田惇生編訳（ダイヤモンド社）
『天才がどんどん生まれてくる組織』齋藤孝（新潮社）
『ビジョナリーカンパニー2――飛躍の法則』ジム・コリンズ著、山岡洋一訳（日経BP社）
『人を動かす』デール・カーネギー著、山口博訳（創元社）
『トム・ソーヤーの冒険』マーク・トウェイン著、柴田元幸訳（新潮社）
『泣いた赤鬼』浜田廣介著、梶山俊夫イラスト（偕成社）

取材協力

東京都立日野高等学校
日本大学第三高等学校
愛媛県立松山東高等学校
阪神園芸株式会社
共和技研株式会社
美津野株式会社

［著者］

岩崎 夏海（いわさき・なつみ）

1968年生まれ。東京都日野市出身。東京藝術大学建築科卒。

大学卒業後、作詞家の秋元康氏に師事。放送作家として『とんねるずのみなさんのおかげです』『ダウンタウンのごっつええ感じ』等、テレビ番組の制作に参加。その後、アイドルグループAKB48のプロデュースなどにも携わる。

2009年12月、『もし高校野球の女子マネージャーがドラッカーの『マネジメント』を読んだら』（ダイヤモンド社）を著し、ベストセラーに。他の著書に『エースの系譜』（講談社）、『小説の読み方の教科書』（潮出版社）、『チャボとウサギの事件』（文藝春秋）、『宇宙って面白いの？』（講談社）、『まずいラーメン屋はどこへ消えた？―「椅子取りゲーム社会」で生き残る方法』（小学館）、『部屋を活かせば人生が変わる』（部屋を考える会著／夜間飛行）、『『もしドラ』はなぜ売れたのか？』（東洋経済新報社）、『競争考』（心交社）などがある。

また、ドワンゴ・夜間飛行にて有料メルマガ『ハックルベリーに会いに行く』を配信中。Youtubeチャンネル『ハックルテレビ』を運営。2015年から岩崎書店の社外取締役となり、児童書のプロデュースにも携わる。他に、「岩崎夏海クリエイター塾」の講師を2014年から務めている。


もし高校野球の女子マネージャーがドラッカーの『イノベーションと企業家精神』を読んだら

2015年12月 3日　第1刷発行
2015年12月14日　第2刷発行

著　者――岩崎 夏海
発行所――ダイヤモンド社
〒150-8409　東京都渋谷区神宮前6-12-17
http://www.diamond.co.jp/
電話／03･5778･7232（編集）03･5778･7240（販売）

イラスト――ゆきうさぎ
カバー背景―益城貴昌（Bamboo）＋監修：竹田悠介（Bamboo）
装丁――――重原 隆
制作進行――ダイヤモンド・グラフィック社
印刷――――勇進印刷（本文）・加藤文明社（カバー）
製本――――ブックアート
編集担当――市川有人

ISBN 978-4-478-06649-2